In unseren Veröffentlichungen bemühen wir uns, die Inhalte so zu formulieren, dass sie Frauen und Männern gerecht werden, dass sich beide Geschlechter angesprochen fühlen, wo beide gemeint sind, oder dass ein Geschlecht spezifisch genannt wird. Nicht immer gelingt dies auf eine Weise, dass der Text gut lesbar und leicht verständlich bleibt. In diesen Fällen geben wir der Lesbarkeit und Verständlichkeit des Textes den Vorrang. Dies ist ausdrücklich keine Benachteiligung von Frauen oder Männern.

Impressum

ejw Evangelisches Jugendwerk in Württemberg

ISBN Buch 978-3-86687-210-3
ISBN E-Book 978-3-86687-211-0

Lektorat: buch+musik – Birgit Götz, Marburg
Umschlaggestaltung: Heike Volz, Böblingen und buch+musik – Heidi Frank, Stuttgart
Satzprogrammierung: X1-Publishing, Stuttgart
Bildrechte Umschlag: unsplash, Jason Leung; Fotolia, VRD
Bildrechte Icons: Heike Volz, Böblingen
Bildrechte Autorenfoto: bei der Autorin
Druck und Gesamtherstellung: Kösel Gmbh & Co. KG, Altusried-Krugzell

www.ejw-buch.de

Andrea Kühn

SO EIN DING 2

80 ANDACHTEN MIT GEGENSTÄNDEN
FÜR KINDER AB 8 JAHREN

buch+
musik

INHALTSVERZEICHNIS

Die Andachten

Verzeichnisse

EINLEITUNG

So ein Ding ...

Wer kann die Gegenstände zählen, die wir jeden Tag sehen, bewegen und gebrauchen? All die großen, kleinen, schweren, leichten, hilfreichen und manchmal überflüssigen Dinge, die unser Leben begleiten und aus unserem Alltag nicht mehr wegzudenken sind. Es sind unzählbar viele Gegenstände, die doch alle eines gemeinsam haben: Sie bieten uns eine großartige Möglichkeit, das Evangelium Gottes zu verkündigen! Denn leider ist vielen Kindern (und Erwachsenen) eine lebensrelevante Verbindung zu Gott fremd geworden oder sogar verloren gegangen. Umso wichtiger ist es, dass wir Christen sprachfähig sind und lernen, anderen Menschen so von Gott zu erzählen, dass sie uns – und ihn – verstehen. Genau dafür können uns all die vertrauten, alltäglichen und lebensechten Gegenstände eine geniale Brücke sein.

Der Herr der Dinge ...

Als Jesus Christus hier auf dieser Erde lebte, war es sein Auftrag, uns Menschen von Gott zu erzählen. Er sollte uns die Größe, die Macht, die Herrlichkeit, die Stärke, die Gnade, die Schöpferkraft und die nahezu unbeschreibliche Liebe des himmlischen Vaters vor Augen malen. Und genau das tat er, indem er in vielen verschiedenen Gleichnissen von Gott erzählte. Jesus gebrauchte Bilder und Vergleiche, die die Menschen damals gut verstanden haben. Im Verlauf der letzten 2.000 Jahre sind uns jedoch viele dieser Bilder fremd geworden. Deshalb habe ich für dieses Buch neue Vergleiche gewählt, die heute unseren christlichen Glauben und Gott in all seiner Größe, Liebe und Vielfalt beschreiben. Dabei bin ich – auf ein Neues – dem Vorbild Jesu in der Methode gefolgt und den biblischen Aussagen treu geblieben.

Was für ein Ding ...

Auch dieser zweite Band „So ein Ding“ ist in gewisser Weise ein Arbeitsbuch. Die Andachten („So ein Gott“) sind ein Impuls, um Kindern (und Erwachsenen) das Evangelium Gottes lebensnah und kreativ zu verkündigen. Dabei muss jedoch immer bedacht und beachtet werden, dass die jeweiligen Beispiele den Zuhörenden angepasst werden müssen – auch wenn die grundsätzliche Idee und Aussage bestehen bleiben. Zudem ist die Zielrichtung der meisten Andachten evangelistisch/missionarisch. Somit eignen sie sich vor allem, um in besonderen Jungscharstunden, bei Familiengottesdiensten, bei Aktionen im Freien oder auf Freizeiten in der Mitarbeiterandacht einen kurzen ermutigenden Impuls zu setzen. Über die Andacht hinaus sollen die Beschreibungen der Gegenstände („So ein Ding“) übrigens nicht nur Hintergrundwissen vermitteln, sondern auch zu passenden Einstiegsfragen, kleinen Aktionen oder manchen Quizideen anregen. Dabei können Andacht und Erklärung sehr gut ineinander überfließen und müssen nicht, wie hier im Buch gestaltet, strikt voneinander getrennt werden.

Der Zielgedanke gibt einen kurzen Überblick über das Thema der Andacht.

Die Stichworte nennen einzelne Schlagworte/Kernaussagen der Andacht. Im Stichwortverzeichnis können Andachten zu ähnlichen Themen schnell gefunden werden.

Ein kurzer Impuls aus der Praxis für die Praxis soll eine Hilfe zur Verkündigung sein oder dabei helfen, sich auch nach der Andacht noch mit dem Gegenstand oder dem Zielgedanken auseinanderzusetzen und so die lebensrelevante Verbindung zu Gott zu vertiefen. Passende kreative Bastel- und Spielidee findet man im Internet.

Das Ding …

Grundsätzlich gilt bei allen Gegenstandsandachten, dass der Gegenstand tatsächlich mit dabei sein muss! Denn diese Andachten leben und wirken durch ihn. Ihre Aussage wird viel intensiver und lebensechter wahrgenommen, wenn die Kinder den Gegenstand sehen, entdecken und begreifen können. Diese Tatsache bringt manche Herausforderung mit sich! Denn im 2. Band von „So ein Ding" gibt es einige Gegenstände, die nur draußen zu entdecken sind, wie z. B. Windräder auf dem Feld, Autos auf dem Parkplatz oder der Sternenhimmel bei Nacht. In diesem Sinne fordern die wenigen abenteuerlichen Andachten in höherem Maße Kreativität, Bewegung und Aktion. Doch der Einsatz lohnt sich, weil sie um ein Vielfaches mehr Freude und Staunen über unseren großartigen Gott ermöglichen!

Und nun hoffe ich, dass dieses Buch viele kreative, lebensnahe, erhellende und bewegende Erlebnisse schenkt mit dem Herrn aller Dinge!

Andrea Kühn

DIE ANDACHTEN

ADVENTSKALENDER

Meine Gedanken – sagt der Herr – sind nicht zu messen an euren Gedanken und meine Möglichkeiten nicht an euren Möglichkeiten.
Jesaja 55,8

Ein Leben mit Gott ist voller Überraschungen.

Geschenk, Leben

So ein Ding

Erste Adventskalender sind uns aus dem 19. Jahrhundert bekannt. Damals wurden nach und nach 24 Bilder an die Wand gehängt, 24 Strohhalme in die aufgestellte Krippe gelegt, 24 Kreidestriche von der Wand weggewischt oder eine Kerze in 24 kleinen Abschnitten abgebrannt. Heutzutage sind diese Formen des Adventskalenders selten. Wir kennen ihn vielmehr gefüllt mit Schokolade, Spielsachen, kleinen Geschenken, lustigen Bildern, besonderen Accessoires, virtuell, digital oder manchmal auch „lebendig" als Aktion einer Stadt oder Gemeinde. Egal welche Form ein Adventskalender auch hat, er soll die Vorfreude auf Weihnachten wecken und die Wartezeit verkürzen. So wurde im Jahr 1902 in Hamburg der erste Adventskalender in Form einer Uhr veröffentlicht. Erst im Jahr 1950 schwappte die Begeisterung für den Adventskalender von Deutschland aus in andere Staaten über und ist mittlerweile in vielen Ländern eine feste Tradition. Der bislang weltgrößte Adventskalender ist mit 857 Quadratmeter in Leipzig zu finden.

So ein Gott

Adventskalender sind eine Freude! Denn viele Menschen, die einen solchen Kalender basteln oder 24 kleine Geschenke verpacken, haben allein dabei große Freude. Eine kribbelige Vorfreude bei dem

Gedanken daran, wie der Beschenkte staunen und sich wiederum freuen wird. Ja, in einem Adventskalender stecken 24 Überraschungen, kleine Geschenke, gute Wünsche und manchmal auch nur ganz normale Alltäglichkeiten. Doch die Vorweihnachtszeit, die Heimlichkeit, die Verpackung und das Warten auf Weihnachten lassen in diesen Tagen sogar ein kleines Stück Schokolade zu etwas Großartigem werden. Kein Wunder, denn die Adventszeit ist eine besondere Zeit und jeder Adventskalender ein Ausdruck dafür. Wir freuen uns jeden Tag auf Weihnachten und können kaum erwarten, dass die Zeit vergeht.
Und genau das möchte Gott auch! Er wünscht sich von Herzen, dass wir uns auf ihn freuen – und zwar nicht nur in der Adventszeit. Denn Gott kommt ja nicht nur kurz an Weihnachten vorbei, sondern: Er ist schon da! In Jesus kam er vor gut 2.000 Jahren zu uns Menschen. In seinem guten Heiligen Geist ist er jederzeit und überall in uns und mit uns unterwegs. Gott ist da und er will jeden neuen Tag mit uns gestalten. Denn mit Gott warten im Leben viele Überraschungen auf uns. Manchmal sind es nur Alltäglichkeiten und manchmal echte Wunder, die wir mit Gott erleben können. Aufgaben, die uns erwarten, und geniale Gaben, die in uns stecken; Herausforderungen, die wir mit Gott meistern werden, und tolle Erlebnisse, die er ermöglicht. Mit Gott wird unser Leben zum Adventskalender! Jeder Tag ist ein Geschenk voller Überraschungen – geprägt von der Freude, dass Gott da ist.

⇨ Bastelt Adventskalender! Gefüllt mit tollen Bildern, kleinen Geschenken oder großartigen Bibelversen kann er anderen eine Freude machen, auch wenn es z. B. gerade Mai ist!
Besonders für Tanzfreudige kann zu „Geschenk“ von Sportfreunde Stiller ein Tanz eingeübt werden.

ANGEL

Er war in allem Gott gleich, und doch hielt er nicht gierig daran fest, so wie Gott zu sein. Er gab alle seine Vorrechte auf und wurde einem Sklaven gleich. Er wurde ein Mensch in dieser Welt und teilte das Leben der Menschen. Im Gehorsam gegen Gott erniedrigte er sich so tief, dass er sogar den Tod auf sich nahm, ja, den Verbrechertod am Kreuz.
Philipper 2,6-8

Gott geht uns zuliebe den unbequemen Weg.

Ewigkeit, Geduld, Kreuz

So ein Ding

Die Angel ist neben Kescher und Netz das bekannteste Gerät, mit dem wir Menschen Fische fangen. Im einfachsten Fall besteht sie nur aus einer Schnur mit Haken. Doch schon ein Stock als Angelrute vereinfacht die Handhabung und macht das Angeln leichter. Neben der sogenannten Rute gehört zu einer richtigen Angel zumindest noch die Angelrolle zum Aufrollen der Schnur. Weitere spezielle Details sowie unterschiedliche Materialien und Bestandteile einer Angel verhelfen Anglern zum größtmöglichen Erfolg beim Fischfang. Denn es gibt noch viele weitere Methoden wie das Fliegenfischen, das Hochseeangeln oder das Eisangeln, für die eine spezielle Ausrüstung von Vorteil ist. Aber abgesehen vom passenden Angelzubehör braucht ein Angler gute, wettergerechte Kleidung und vor allem viel Geduld. Übrigens: In Deutschland ist das Angeln nur mit einem gültigen Fischereischein erlaubt.

So ein Gott

Wahrscheinlich haben schon die ersten Menschen auf dieser Welt Fische gefangen, egal ob mit der Hand, mit Netzen oder später dann mit der Angel, Schnur und Haken. Denn bevor es Märkte oder Supermärkte gab, war klar: Wer Fisch essen will, muss auch einen Fisch fangen! Dazu reicht eine Angel (als Gegenstand) allein aber nicht aus! Es braucht auch den Menschen, der sie in die Hand nimmt, führt, auswirft und später den Fisch an Land zieht. Es braucht den Angler.

Und ein solcher Angler kann wirklich begeistern! Denn im Normalfall hat er ein Ziel vor Augen, ist gut vorbereitet und hat alles zur Hand, was er braucht, um im richtigen Moment weise und gut zu handeln. Ein Angler schätzt Gottes Schöpfung, kennt die guten Plätze zum Angeln und auch die richtige Zeit. Er wirft die Angel aus und lenkt die Schnur. Doch in einem Angler steckt noch mehr! Denn jeder gute Angler wartet mit großer Geduld und ist bereit, auch unbequeme Wege zu gehen – mitten in der Nacht aufstehen, in der Kälte angeln oder sich mitten durch Schilf und Kraut einen Weg bahnen. Er weiß ja, was er will.

Unser Gott ist solch einem guten Angler ganz ähnlich. Allerdings geht es ihm nicht ums Essen. Sondern um dich und mich! Unser Gott hat mit Begeisterung und Freude diese Welt und uns Menschen geschaffen. Er will uns begegnen, Freundschaft leben, Kontakt haben und Leben gestalten. Deshalb will Gott nicht weit entfernt vom Himmel herab regieren, sondern an unserem Leben teilhaben – für immer und ewig. Er lädt uns in sein herrliches und himmlisches Reich ein. Er bietet uns das ewige Leben an. Das ist sein unbeschreiblich gutes Ziel, das er für jede und jeden von uns vor Augen hat. Dafür ist Gott in Jesus den unbequemen Weg vom Himmel bis ans Kreuz gegangen. Er selbst ist gestorben, hat einen schweren Weg auf sich genommen, um uns für sich zu gewinnen. Sein Tod ermöglicht uns ein ewiges Leben. In diesem Sinne ist Gott einfach der beste Angler, den man sich vorstellen kann.

⇨ Ein Angelspiel oder „Fischer, Fischer, wie tief ist das Wasser?“ können gespielt werden. Aber auch ein selbstgemachter Fischburger passt im Anschluss an diese Andacht.

AUFBACKPIZZA

Es gibt verschiedene Gaben, doch ein und derselbe Geist teilt sie zu.
1. Korinther 12,4

Gott beruft und begabt uns.

Begabung, Berufung

So ein Ding

Ursprünglich war die Pizza ein von Griechen würzig belegtes Fladenbrot, das am offenen Feuer auf Stein gebacken wurde. Erst um 200 v. Chr. kam die Pizza mitsamt den Griechen nach Rom/Italien. Doch sie galt damals als einfache Speise der armen Bauern. Ihnen haben wir es der Legende nach auch zu verdanken, dass Tomaten auf der Pizza gelandet sind. Denn als um 1520 die ersten Tomaten durch Seefahrer nach Italien kamen, galten sie aufgrund der roten Farbe als giftig. Da die armen Bauern jedoch keine große Wahl hatten, legten sie das unbekannte Gemüse auf das längst vertraute Fladenbrot. Trotz des guten Geschmacks verbreitete sich die Pizza erst Anfang des 20. Jahrhunderts in Europa und den USA. Und ihr Siegeszug ist seit den 1950er Jahren nicht mehr aufzuhalten. So wurde 2017 die „Kunst des Pizzabackens“ sogar von der UNESCO zum immateriellen Kulturerbe ernannt. Kein Wunder, denn allein wir Deutschen verspeisen pro Jahr gut 825 Millionen Tiefkühlpizzen!

So ein Gott

Über Geschmack lässt sich streiten! Und das kann man in Sachen Pizza recht gut. Denn in Restaurants zählen etwa 20 verschiedene Pizzen zum Standard – angefangen bei purem Käse bis hin zu Schokolade gibt es heutzutage bei den Variationen keine Grenzen mehr. Auch wenn wir eine Aufback- oder Tiefkühlpizza betrachten, gibt es reichlich Stoff zum Diskutieren. Die Marke, die Geschmacksrichtung, der Bräunungsgrad und die Frage, ob ein Stück kalte Pizza zum Frühstück lecker schmeckt, sind einige Beispiele. Doch obwohl man eine Aufbackpizza sicherlich auch eiskalt verspeisen kann, wird darüber kaum debattiert. Denn klar ist: Eine solche Pizza wurde gemacht und erdacht, um sie aufgebacken zu genießen. Erst durch die Zeit im heißen Ofen kann der Teig aufgehen und die Gewürze zusammen mit dem Belag zur vollen Geschmacksentfaltung kommen. Das ist die Bestimmung einer jeden Aufbackpizza. Und wir Menschen – du und ich – sind einer solchen Pizza in gewisser Weise sehr ähnlich.

Unser Grundrezept ist gleich: Haut, Knochen, Blut, Muskeln, Augen, Ohren, Glieder und Organe. Dennoch sehen wir alle unterschiedlich aus und haben ganz verschiedene Stärken und Schwächen. Die Frage ist, was daraus wird. Denn so wie der Geschmack einer Aufbackpizza nur zur vollen Entfaltung kommt, wenn sie gebacken wird, so können auch wir Menschen nicht alles aus uns selbst heraus. Sondern es ist Gott, der mit jeder und jedem von uns etwas ganz Besonderes vorhat. Er hat gute Ideen für unser Leben und stattet uns mit ganz verschiedenen Gaben und Stärken aus. So wie auch eine Pizza ganz unterschiedlich belegt werden kann.

Durch und mit Gott können wir dann diese Gaben und Stärken, unsere Schönheit, unser Wissen, unsere Facetten und unser Können entdecken und entfalten – sie aufgehen lassen wie die Pizza im Ofen. Auch wenn wir uns manchmal nicht vorstellen können, dass z. B. unsere Freude an Ordnung, die vielen gekritzelten Zeichnungen, unser Lachen oder unsere Begeisterung für Technik ausreicht, um tatsächlich etwas Großartiges bewirken zu können. Doch wenn wir all das Gott anvertrauen, dann werden wir es erleben! Gott will, dass wir auf einzigartige Weise die Erde prägen und sie zum Guten hin verändern.

⇨ Ein Pizzateig wird auf ein Backblech gelegt und in mehrere Stücke geteilt. Jede und jeder legt auf ein Stück das, was sie oder er besonders mag. Nachdem die Pizza gebacken wurde, kann sie gemeinsam verspeist werden.

AUTOAUßENSPIEGEL

Gott sandte den Sohn nicht in die Welt, um die Menschen zu verurteilen, sondern um sie zu retten.
Johannes 3,17

Jesus ist dein Retter.

Retter, Sicherheit

So ein Ding

Bei Fahrzeugen unterscheidet man zwischen dem Innen- und dem Außenspiegel. Bei beiden handelt es sich jedoch um eine reflektierende Fläche, durch die das Verkehrsgeschehen seitlich bzw. hinter dem Fahrzeug sichtbar gemacht wird. Auf diesem Wege soll mehr Sicherheit im Straßenverkehr entstehen. Die sogenannte konvexe Krümmung der Spiegel (nach außen gewölbt) vergrößert den Winkel und somit den Bereich, der eingesehen werden kann, die Abbildung wird dabei kleiner.
Die Geschichte des Autospiegels ist spannend, da er zum ersten Mal in der Literatur erwähnt wird! Dorothy Levitt aus England schrieb 1906, dass es für Frauen ratsam wäre, einen kleinen Handspiegel im Auto dabei zu haben, um hin und wieder im Verkehr auch nach hinten schauen zu können. Somit war die Idee geboren und der erste Rückspiegel wurde 1911 eingebaut.

So ein Gott

Im Straßenverkehr sind Innen- und Außenspiegel bei Fahrzeugen nicht mehr wegzudenken. Längst ist es Pflicht, dass sie schon beim Bau von Autos, Lkws oder Zweirädern mit eingebaut werden. Zudem gibt es seit vielen Jahren die Möglichkeit, zusätzliche Spiegel an Autos anzubringen. Es sind kleine, sogenannte Weitwinkelspie-

gel, die den Bereich der Außenspiegel vergrößern. Ganz zu schweigen von verschiedenen Kameras, die mittlerweile den sichernden Blick zur Seite und nach hinten im Straßenverkehr digital vereinfachen. Spiegel sind sehr nützlich, um mit einem Auto oder Motorrad sicher unterwegs zu sein. Dabei geht es nicht nur ums gute Ein- oder Ausparken, sondern vor allem beim Überholen sind unsere Autospiegel tatsächlich lebenswichtig. Denn mit ihnen können wir unser normales Blickfeld erweitern, Gefahren entdecken, Unfälle vermeiden, Leben retten und den guten Weg erkennen. Genau das möchte auch Jesus in unserem Leben bewirken!
So wie ein Außenspiegel vom Auto nicht mehr wegzudenken ist, möchte auch Jesus zu unserem Leben dazugehören. Er, als Sohn Gottes und König dieser Welt, sieht uns und das, was für uns und andere im Leben zur Gefahr werden kann.
Allerdings bieten Spiegel im Straßenverkehr keine hundertprozentige Sicherheit! Denn auch im besten Spiegelbild können wir aus Unachtsamkeit Dinge und Menschen übersehen. Ganz zu schweigen vom sogenannten toten Winkel! Es ist ein kleiner Bereich außerhalb unseres Blickfeldes, den wir trotz aller Hilfsmittel nicht einsehen können. Deshalb ist der Schulterblick im Straßenverkehr so wichtig – und Jesus noch viel großartiger als der beste Außenspiegel aller Zeiten! Denn das, was uns Menschen trotz Spiegel im Straßenverkehr nicht immer gelingt, will Jesus für uns tun. Er will den toten Winkel in unserem Leben überbrücken. Er will unser Leben retten und dort für uns da sein, wo unsere eigene Kraft, unser Blick und unser Können allein nicht ausreichen. All das kann Gott auf einzigartige Weise! Denn Gottes Blick – und seine Kraft – sind anders! Er schaut weiter und tiefer, als wir es jemals können, und hat zudem die Macht, Situationen und Menschen zu verändern. Besser als jeder Außenspiegel will Jesus uns Sicherheit geben und unser Leben vor Gefahren schützen.

⇨ Rund um den Spiegel können Spiele mit Hilfe von Spiegelschrift und Spiegelbildern gespielt, Spiegel individuell gestaltet oder Periskope gebastelt werden.
(Anleitung z. B. unter www.kingkalli.de/baue-ein-periskop, letzter Zugriff am 11.05.2020)

AUTOBLINKER

Das Wort des Herrn ist verlässlich; er beweist es durch seine Taten.
Psalm 33,4

Gott steht zu seinem Wort.

Bibel, Gottes Liebe, Treue

So ein Ding

Der in Deutschland umgangssprachlich genannte Blinker ist eine lichttechnische Einrichtung an Fahrzeugen. Beim Ändern der Fahrtrichtung, Anfahren, Abbiegen oder dem Wechseln der Fahrspur soll der Blinker zur Ankündigung und bei der Durchführung betätigt werden. Allerdings war unser heutiges Blinklicht ursprünglich ein „Winker“, der während der Fahrt per Hand ausgeklappt werden musste. Erst seit den 1950er Jahren werden die uns bekannten elektrische Blinklichter serienmäßig in Kraftfahrzeuge eingebaut.
Als besondere Funktion muss noch die Warnblinkanlage erwähnt werden. In Notfallsituationen wird sie zur Warnung betätigt und hat das phasengleiche Blinken aller Blinklichter zur Folge. Übrigens gab es 1971 zwei Sonderbriefmarken, die darauf aufmerksam machen sollten, dass Autofahrende vor und nach dem Überholen blinken sollen.

So ein Gott

So wie beim Fahrradfahren das Ausstrecken des Armes ist bei Fahrzeugen im Straßenverkehr der Blinker ein lebenswichtiges Signal. Denn Blinker zeigen all den anderen Verkehrsteilnehmenden die Richtung an, die das Auto oder Motorrad nun einschlagen wird. Beim Abbiegen, Überholen oder Verlassen eines Kreisverkehrs kann dieses kleine leuchtende Signal viele Schreckmomente vermeiden.

Doch einige vergessen zu blinken oder betätigen den Blinker so spät, dass keine gute Reaktion der anderen mehr möglich ist. Auch blinkt manch einer rechts und biegt dann trotzdem links ab. Bremsen, Hupen, Erschrecken oder sogar ein Unfall sind die Folge.
Wenn man genauer darüber nachdenkt, scheint es vielen Menschen egal zu sein, ob andere wissen, in welcher Richtung sie unterwegs sind. Alle machen ihr eigenes Ding. Das birgt im Straßenverkehr – und auch im direkten Miteinander – große Gefahren. Denn es macht unser Leben so schwer, wenn jede und jeder nur an sich selbst denkt, die eigenen Absichten verschweigt und nicht zu ihrem/seinem Wort steht.
Wie anders ist es da bei Gott! Von Anfang an hat er seine klare und eindeutige Richtung vorgegeben. Gott hat den Blinker der Liebe gesetzt und ihn niemals zurückgenommen. Er ist seinem Weg und seinen Worten treu geblieben. Denn die Liebe zu uns Menschen hat ihn dazu bewegt, diese Welt zu erschaffen. Alles hat er für uns vorbereitet. Die Bibel berichtet davon und erzählt weiter, wie Gott mit uns Menschen durch Höhen und Tiefen geht, ohne dabei sich selbst, seine Liebe, seine Worte, seine Versprechen oder sein Ziel zu verraten. Gott ist treu – in Wort und Tat. Denn nach der Schöpfung (Gottes erstem Blinksignal) hat er viele andere Zeichen und Wunder gesetzt, damit wir ihm und seiner Liebe vertrauen können. Seine Richtung ist klar und er lädt uns ein, ihm ebenso klar zu folgen.

⇨ Überlegt gemeinsam, welche Zeichen, Wunder und Versprechen Gott uns durch die Bibel gibt. Das sind viel mehr als nur die Schöpfung, der Regenbogen und das Kreuz! (Z. B. hat Gott uns erwählt und will uns segnen, begleiten, versorgen, begaben usw. Dazu hat er großartige Beispiele/Wunder getan, von denen u. a. die Bibel erzählt.)
Ein Fangenspiel, bei dem der Fänger Kommandos für die Richtung gibt (z. B. Komm mit! – Lauf weg!) kann mit allen gespielt werden.

BADEMANTEL

Du, Gott, bist meine sichere Zuflucht, mein Beschützer, mein starker Helfer, meine Festung auf steiler Höhe! Zu dir kann ich fliehen, du schützt mich vor aller Gewalt.
2. Samuel 22,3

Gott gibt uns Sicherheit, Geborgenheit und Schutz.

Schutz, Sicherheit

So ein Ding

Die Geschichte des Bademantels beginnt nachweislich im Jahr 1880. Denn damals trugen Frauen eine erste Variante als Sichtschutz auf dem Weg ins Meer. Erst einige Jahrzehnte später wurde der Bademantel auch ein Bekleidungsstück für Männer. Heutzutage ist er, meist aus weichem frotteeartigem Material, aus unserem Leben kaum noch wegzudenken. Egal ob zu Hause, in Schwimmbädern, Saunen, Hotels oder Krankenhäusern bietet er ein wohliges Gefühl. Typisch für ihn ist das Band, mit dem er zusammengehalten wird, und manchmal hat er auch eine Kapuze. Was man dem Bademantel zunächst nicht zutraut, ist seine Berühmtheit! In der Musik (Udo Jürgens), der Literatur (Per Anhalter durch die Galaxis) und natürlich auch in Film und Fernsehen (Dittsche) hat er eine tragende Funktion. Darüber hinaus gehören wohl Sherlock Holmes und Hugh Hefner mit zu den bekanntesten Bademantel-Trägern.

So ein Gott

Bademäntel sind in fast jeder Altersgruppe beliebt. Und das kann ich nur allzu gut verstehen. Denn es ist famos, welch gutes Gefühl von Wärme, Schutz und Geborgenheit dieses Kleidungsstück geben kann, egal ob im Krankenhaus, Schwimmbad oder zu Hause nach der heißen Dusche. Wer in einen Bademantel schlüpft, spürt schnell die Wärme und erlebt, wie ganz nebenbei die Nässe aufgesogen wird. Besonders im Krankenhaus kann der Bademantel wohlige Sicherheit vermitteln und für manch eine/einen ist er im Hotel ein Accessoire, das ein exklusives Gefühl von Gemütlichkeit vermittelt. Geschützt vor fremden Blicken, kaltem Wind auf nasser Haut und kuschelig warm gehalten ist es auf jeden Fall eine gute Idee, einen Bademantel zu haben.

So ist es auch mit Gott! Um genau zu sein, ist es die beste Idee, die wir Menschen haben können. Denn anders als ein Bademantel ist Gott noch viel mehr als nur ein kuscheliges Accessoire. Gott ist der Schöpfer und Herr dieser Welt. Er hält alles in seinen Händen. Deshalb finden wir nirgendwo anders so viel Sicherheit und Schutz als bei ihm. Niemand ist weiser, geschickter oder stärker als er. Gott wirft nichts aus der Bahn. Niemand und nichts kann ihn überwältigen. Wir sind beschützt und sicher in seinen Händen. Gottes Macht hat keine Grenzen und seine Liebe zu uns hört niemals auf. Wir können uns in seiner Liebe geborgen fühlen. Denn Gott will, dass es uns gut geht. So, wie wir einen Bademantel vor allem zu Hause tragen, will Gott uns immer und überall ein sicheres und gutes Gefühl von Heimat schenken.

Also lasst uns uns dem Schutz und der Liebe Gottes anvertrauen! Denn kein Bademantel der Welt ist besser als er!

⇨ Die Andacht kann in unterschiedlichen Bademänteln (Stoff, Länge) gehalten werden, die auch übereinander getragen und nacheinander ausgezogen werden. Zuletzt muss ein klares „christliches Markenzeichen" sichtbar sein (bedrucktes Shirt, Kreuz). Ein persönliches Erlebnis, wie man selbst Gottes Schutz erfahren hat, rundet die Andacht großartig ab.

Die Kinder können im Anschluss ein eigenes T-Shirt bemalen.

BEAMER

Aber der Herr hat zu mir gesagt: „Du brauchst nicht mehr als meine Gnade. Je schwächer du bist, desto stärker erweist sich an dir meine Kraft.“ Jetzt trage ich meine Schwäche gern, ja, ich bin stolz darauf, weil dann Christus seine Kraft an mir erweisen kann.
2. Korinther 12,9

Gott macht (dein) Kleines groß.

Begabung, Berufung

So ein Ding

Der uns heutzutage als Beamer bekannte Projektor ist eine Weiterentwicklung der früheren Dia-, Auflicht- und Videoprojektoren. Vermutlich liegt sein Ursprung schon im Jahr 1589, als mit Spiegel und Laterne ein erstes Lichtbild an eine größere Fläche projiziert wurde. Im Laufe der Jahre hat sich dann natürlich die Technik verändert und verfeinert, das Grundprinzip wurde aber beibehalten.
Denn wie es der Name aus dem Lateinischen heraus verrät, „werfen“ die optischen Geräte seit jeher Bilder auf eine größere Bildfläche/Wand. Während es sich früher einfach um zweidimensionale Bilder handelte, können längst bewegte Bilder und Daten von Fernsehgeräten, Spielekonsolen, Computern usw. übertragen werden. Übrigens leitet sich das umgangssprachliche deutsche Wort „Beamer“ von dem englischen Wort „Beam“ ab und bedeutet „Strahl“. Im englischsprachigen Raum nennt man das Gerät dagegen einfach „projector“.

So ein Gott

Im Detail ist so ein Beamer ein echt kompliziertes technisches Gerät. Auch die verschiedenen Funktionssysteme können uns nicht nur beeindrucken, sondern überfordern. Denn nur wahre Technikfans können mit der Angabe von Röhren-, LCD-, DLP-, LED- oder Laserprojektor sinnvolle Gedanken verbinden. Doch darum geht es im Alltag ja auch nicht. Für den ganz normalen Gebrauch eines Beamers ist es wichtig zu verstehen, dass er die Bilder groß und klar abbildet, die ihn dank der richtigen Verbindung erreichen. Dabei muss nur manchmal die Einstellung oder Ausrichtung leicht korrigiert werden, bevor alles wirklich funktioniert. Dann können Bilder bestaunt, Präsentationen gesehen oder Filme angeschaut werden – scharf, brillant und in teilweise spektakulärer Größe.

Und genau darum geht es, wenn ich an Gott denke und dich anschaue! Gott möchte dein persönlicher Beamer sein. Denn in der Freundschaft mit Gott geht es nicht darum, wie perfekt, stark, groß oder brillant du selbst bist. Sondern es geht darum, dass du dich mit allem, was du hast und bist, ihm anvertraust. Vertraue darauf, dass Gott gute Ideen für dein Leben hat. Vertraue darauf, dass Gott dich – genau dich mit deiner Körpergröße, deinem Lächeln, deinen Hobbys, deinen Gaben, deiner Stimme oder deinen Ideen – gebrauchen kann und will. Er hat Großes mit dir vor! Doch dazu musst du ihm all die Kleinigkeiten, die dich und dein Leben ausmachen, anvertrauen. Du musst mit ihm verbunden sein wie der Computer mit dem Beamer. Bleibe mit Gott im Gespräch und lass ihn teilhaben an Dingen, die dich begeistern oder herausfordern. Dann wirst du erleben, wie er, manchmal spektakulär und letztlich immer brillant, dein Kleines großmachen wird.

⇨ Die Geschichte der „Speisung der 5.000“ aus Johannes 6 passt inhaltlich gut zu dem Gedanken, dass auch Kinder das Wenige Gott anvertrauen können und er Großes daraus macht. Vielleicht kann per Beamer gemeinsam ein Filmclip darüber angeschaut werden.

BECHER

Vor den Augen meiner Feinde deckst du mir deinen Tisch; festlich nimmst du mich bei dir auf und füllst mir den Becher randvoll.
Psalm 23,5

Gott will uns in seiner Nähe haben.

Nähe Gottes, Versorgung

So ein Ding

Becher sind Trinkgefäße, die es in verschiedenen Formen und Größen schon seit Jahrtausenden gibt. Stichworte wie Plastik, Keramik, Edelstahl, Glas, Ton, Holz, Stein, Pappe, Einweg, Mehrweg, Henkel, Thermo, to go, mit und ohne Deckel oder Strohhalm zeigen die Bandbreite dieses alltäglichen Gegenstandes. Außerdem haben im Laufe der Jahrtausende z. B. kostbare Becher von Königen, Taufbecher, der Heilige Gral oder die Trendsportart des Becherstapelns ihre ganz eigene Geschichte geschrieben. Darüber hinaus wird dem Becher in unterschiedlichen Traditionen und Religionen eine vielfältige Symbolik zuteil. Dazu gehört sowohl Kraft, Nahrung für Leib und Seele als auch das Unheil, der Zorn oder der überfließende Segen Gottes – der Becher als Motiv des Heils.

So ein Gott

Ein Becher, egal welche Farbe, Form und Größe er auch haben mag, ist uns allen bekannt und vertraut. Wir gebrauchen ihn im Normalfall, um etwas zu trinken, manchmal als Zahnputz- oder Malbecher und nur selten als kleine Waffe bei einer großen Wasserschlacht. So oder so steckt in einem Becher für gewöhnlich das drin, was zuvor eingeschenkt wurde. Doch hinter dem Becher steckt auch eine Geschichte, die erzählenswert ist: Eine alte fremdländische Tradition besagt, dass der Becher eine wichtige Aufgabe übernimmt, wenn man Gäste im Haus hat. Schenkt man seinen Gästen den Becher immer wieder bis zum Rand voll, so zeigt man ihnen, dass sie gern bleiben und verweilen sollen. Schenkt man dagegen den Gästen bei Bedarf nur ein wenig nach, ist dies ein klares Zeichen dafür, dass es an der Zeit zum Gehen ist. Wortlos und dennoch eindeutig zeigt der Gastgeber auf diese Weise, wen er gern in seiner Nähe haben möchte.

Mit dieser Tradition vor Augen bekommt Vers 5 aus Psalm 23 eine ganz besondere Bedeutung. David erzählt in diesem Psalm von seiner Beziehung zu Gott. Einfache und eindrückliche Bilder malen uns einen großartigen Herrn und liebevollen Hirten vor Augen. Da scheint auch der übervolle Becher nur ein Ausdruck dafür zu sein, dass Gott uns gut versorgt und reichlich an seinem Segen teilhaben lässt. Aber: Das ist nicht alles! Denn Gott schenkt uns voll ein. Er, der König, in dessen Gesellschaft und Gegenwart wir sein und leben dürfen. Er, der Gastgeber, füllt den Becher bis zum Rand – ja sogar übervoll! Das zeigt, wie sehr Gott uns in seiner Nähe haben will. Er will uns nahe sein und lädt uns ein, bei ihm zu bleiben. Nichts wünscht er sich sehnlicher – und nichts brauchen wir mehr. Wir sind eingeladen, Gott nahe zu sein.

⇨ Natürlich muss während der Andacht ein Becher wieder und wieder überlaufen, weil er immer wieder neu „übervoll" gefüllt wird.

Im Anschluss können kurzweilige Trinkspiele (mit Wasser!) oder Becherstapeln gespielt werden.

BESEN

Dort besprenge ich euch mit reinem Wasser und wasche den ganzen Schmutz ab, der durch den Umgang mit euren Götzen an euch haftet.
Hesekiel 36,25

Gott will unser Herz und unsere Seele von allem Dreck – von aller Last – reinigen.

Schuld, Vergebung

So ein Ding

Als Besen bezeichnet man einen Gegenstand, mit dem Dreck auf Böden zusammengefegt wird. Grundsätzlich unterscheidet man zwischen einem Stuben- und Straßenbesen sowie einem großen und einem kleinen Besen. Dieser ist zwar als Handfeger bekannt, hat aber regional sehr unterschiedliche Bezeichnungen. Große Besen bestehen meist aus drei Teilen: dem langen Besenstiel, einem Querholz und den Borsten aus Kunststoff, Tierhaaren oder Pflanzenfasern. Eine Ausnahme ist der sogenannte Reisigbesen, bei dem mit Hilfe von Schnur oder Draht ein Bündel Reisig oder Stroh direkt am Besenstiel befestigt wird. Darüber hinaus gibt es noch den besonderen Stoßbesen des Schornsteinfegers und technische Besen wie die Kehrmaschine. Auch den Hexenbesen will ich in dieser Aufzählung nicht verschweigen, obwohl seine Geschichte und Verwendung wohl eher der Fantasie entspringen.

So ein Gott

Heute ist der gute alte Besen in vielen Haushalten bereits vom Handsauger, Staubsauger oder sogar von Robotersaugern abgelöst. Doch unabhängig von Akku, Ladestation und Stromkabel ist es immer wieder praktisch und hilfreich, einen Besen zur Hand zu haben. Krümel, Dreck, Staub und Abfall lassen sich seit Jahrtausenden gut mit ihm beseitigen. Er ist robust und einfach in der Handhabung. Fast möchte man sagen: Gut gefegt ist gründlich sauber! Und letztlich kommt es doch genau darauf an. Denn: Der Dreck muss weg und zwar regelmäßig, damit kleine Steinchen keine Kratzer verursachen oder Schmutz nicht zu hartnäckigen Flecken wird.

Das ist in unseren Zimmern so – und auch in unserem Herz. Denn auch dort sammeln sich immer wieder „Dreck und Staub“ an. Dunkle Flecken, kleine schmerzende Steinchen, unscheinbare Spinnweben oder echt stinkender Müll. All das sind Fehler, die wir machen, und Spuren, die Streit, Lüge, Verletzung, Enttäuschung, Sturheit, Zorn oder Versagen in uns hinterlassen. Auch Schuld gehört dazu, weil wir an anderen schuldig geworden sind – oder andere an uns. Es gibt so viele negative Gedanken, Gefühle und Situationen, die uns begegnen und unser Leben ausmachen. Und in jedem dieser Momente sammelt sich in uns Dreck an. Manchmal klein und unscheinbar. Doch wenn der „Hausputz“ ausbleibt, dann wächst der Berg aus Schutt und Müll in uns immer weiter an. Mit diesem innerlichen Dreck ist all das gemeint, was die Bibel als Schuld bezeichnet.

Aber: Das muss nicht sein! Denn es gibt einen Gott, der uns von aller Schuld befreien will. Einen Gott, der seinen liebevollen Besen schwingt, um alle Dunkelheit aus unserem Herz und unserer Seele zu vertreiben. Denn genau aus diesem Grund ist Jesus Christus am Kreuz gestorben. Er hat ein für alle Mal die Dunkelheit besiegt. Das gilt auch dir! Du kannst ihm sagen, was dich quält, bedrückt, belastet. Du kannst Fehler zugeben und Schuld bekennen. Dann wirst du erleben, dass nach und nach Ordnung in dein Chaos kommt. Dein Herz wird aufatmen und du kannst, innerlich frisch ausgefegt, fröhlich neu durchstarten.

⇨ Das Lied „Ich bin von innen, außen, oben, unten glücklich allezeit“ (Einfach spitze, Nr. 7; Verfasser unbekannt) kann gemeinsam gesungen werden, weil es die Freude über vergebene Schuld zum Ausdruck bringt.

Zum Abschluss kann Schrubberhockey mit Besenstielen und Putzlappen gespielt werden.

BLUETOOTH

Jesus sagte zu ihm: „Du glaubst, weil du mich gesehen hast. Freuen dürfen sich alle, die mich nicht sehen und trotzdem glauben!“
Johannes 20,29

Wir sind unsichtbar mit Gott verbunden.

Gebet, Nähe Gottes

So ein Ding

Bei Bluetooth handelt es sich um eine 1990 entwickelte Datenübertragungstechnologie, die kurze Distanzen und eine sehr einfache Verbindung kennzeichnet. Mittlerweile sind jedoch unfassbar viele technische Geräte mit diesem System ausgestattet – angefangen bei Smartphones über Radios bis hin zu Küchen- und Haushaltsgeräten. Der ungewöhnliche Name geht auf den dänischen Wikingerkönig Harald Blauzahn zurück (englisch: Bluetooth). Ihm soll es im 10. Jahrhundert nicht nur gelungen sein, den christlichen Glauben in Dänemark zu etablieren, sondern er war vor allem für seine gute Kommunikationsfähigkeit bekannt. So soll es ihm gelungen sein, die verfeindeten und kriegführenden Regionen Skandinaviens zu vereinen. Sein Name wurde deshalb zunächst zum „Arbeitstitel“ und Codename der neuen Technologie. Doch aufgrund mangelnder Ideen wurde die Bezeichnung beibehalten und hat sich längst als Markenname etabliert.

So ein Gott

Bluetooth-Verbindungen sind allgegenwärtig. Obwohl wir die Verbindung selbst nicht sehen, erleben wir immer wieder, dass sie funktioniert. Bilder, Daten, Filme und Sprachnachrichten fliegen unsichtbar durch die Luft und erreichen ihr Ziel. Für den Aufbau

eines solchen „Mini-Netzwerkes“ gibt es nur zwei wichtige Grundvoraussetzungen: beide Geräte müssen sich in unmittelbarer Nähe zueinander befinden und ihr Bluetooth muss aktiviert sein. Dann sind sie empfangsbereit für das Pairing und die Übertragung.
Selbst manchem Misserfolg im Verbindungsaufbau und der räumlichen Einschränkung zum Trotz wird in unserem Alltag immer mehr über diese unsichtbare technische Verbindung geregelt und gesteuert. Umso spannender finde ich, dass viele Menschen einer anderen unsichtbaren Verbindung sehr skeptisch gegenüberstehen. Viele misstrauen der großartigen Möglichkeit, dass wir Menschen jederzeit und überall mit Gott in Verbindung treten können. Aber: Es ist wahr! Wir können eine unsichtbare Verbindung zu Gott haben. Ganz ähnlich wie bei Bluetooth braucht es nämlich nicht mehr als die beiden, die sich verbinden wollen. Und aus der Bibel wissen wir, dass Gott jederzeit dazu bereit ist. Er wartet darauf, dass wir Kontakt zu ihm aufnehmen. Auf unsere ganz eigene Art und Weise können wir mit ihm reden – das nennt die Bibel beten. Dazu brauchen wir auf keinen bestimmten Ort, keine Distanz oder Zeit achten. Auch können wir sicher sein, dass unser Datenvolumen bei Gott niemals aufgebraucht ist. Denn er will hören, was uns bewegt, und empfangen, was unser Leben ausmacht. Dabei wird er auch uns, von seiner Seite aus, immer wieder neue Kraft, Ideen, Bilder, Worte, Mut und Liebe senden. Vieles davon können wir nicht sehen – so ist es eben bei einer unsichtbaren Verbindung. Aber es lohnt sich, dies auszuprobieren! Denn dann werden wir erleben, dass es funktioniert.

⇨ Rund um das Thema Gebet können verschiedene Stationen/Aktionen dazu einladen, mit Gott ins Gespräch zu kommen. Dazu können z. B. auf Steine Namen von Menschen geschrieben werden, die es gerade schwer haben, oder es können Kerzen/Teelichtgläser mit Lob und Dank beschriftet werden – um Gottes Lob jeden Tag aufleuchten zu lassen. Viele Ideen dafür findet man in „Praystation. 99 Gebetsstationen für die Arbeit mit Jugendlichen und in der Gemeinde“ von Christoph Müller und Katharina Renken (buch+musik, Stuttgart ^{2}2018), die altersentsprechend angepasst werden können.

BRIEFKASTEN

Wie neugeborene Kinder nach Milch schreien, so sollt ihr nach dem unverfälschten Wort Gottes verlangen, um im Glauben zu wachsen und das Ziel, eure Rettung, zu erreichen.
1. Petrus 2,2

Gott will dir in seinem Wort begegnen.

Bibel, Nähe Gottes

So ein Ding

Im Allgemeinen ist ein Briefkasten der Ort, an dem Postsendungen zum Versenden oder zum Erhalt aufbewahrt werden. In Deutschland gibt es in Postämtern oder an öffentlichen Stellen in Dörfern und Städten Hunderttausende gelbe Briefkästen der Deutschen Post AG, in die wir unsere Post zum Versenden hineinwerfen können. Solche „Versand-Briefkästen" von anderen Unternehmen sind jedoch viel seltener zu finden und unterscheiden sich in Farbe und Gestaltung.
Haus- und Privatbriefkästen dienen dagegen dazu, Postsendungen schnell, direkt und für die Briefträgerin oder den Briefträger möglichst einfach der Empfängerin oder dem Empfänger zukommen zu lassen. So gab es bis Mitte des 20. Jahrhunderts in Mehrfamilienhäusern nur Briefschlitze in jeder Wohnungstür, sodass die Postbotin oder der Postbote die Sendungen in jedes Stockwerk tragen musste. Erst in den 1950er bis 1970er Jahren wurden Briefkästen endlich z. B. in Hausfluren von Mehrfamilienhäusern angebracht und verbreiteten sich gleichzeitig als hilfreicher Gegenstand in Städten und Dörfern.

So ein Gott

Wir kennen Briefkästen in allen Größen, Farben und Formen – mit und ohne Zeitungsrohr. Es gibt sie eingearbeitet in Haustüren, befestigt im Hausgang, an der Hauswand, am Gartenzaun oder an einem extra dafür eingelassenen Pfosten. Briefkästen sind und bleiben auch in unserer heutigen Welt von großem Wert, trotz aller digitalen Nachrichten in Form von Mails, Blogs, Posts und Whatsapp-Grüßen. Denn dank der Briefkästen weiß jede Postbotin und jeder Postbote, wo und wie uns Zeitschriften, kleine Bestellungen, Einladungen, Geburtstagsgeldgeschenke von Oma oder einfach liebe Postkartengrüße erreichen können. So sind Briefkästen ein tolles Bild dafür, dass es einen festen Ort gibt, an dem uns wichtige, liebvolle, interessante, lehrreiche, lustige, mahnende und einfach schöne Nachrichten erreichen können.
Allerdings handelt es sich dabei ja immer nur um Grüße und Nachrichten von anderen Menschen. Deshalb stelle ich mir beim Anblick eines Briefkastens die Frage, ob und wo der feste Ort in unserem Alltag ist, an dem Gott uns mit seinen Worten erreichen kann. Denn um wie viel mehr als jede Postkarte, jeder Brief von Oma oder jedes bestellte Comicheft möchte Gott unser Leben mit seinen Worten beschenken und bereichern! Diese Nachrichten Gottes für uns landen jedoch nur selten in unseren Briefkästen. Stattdessen finden wir sie gesammelt und für alle griffbereit in der Bibel – Gottes Wort. In ihr können wir von Gottes Liebe zu uns lesen. In ihr erfahren wir vieles von Gottes Macht, seinen Wundern, seiner Kraft und können seine Versprechen an uns entdecken. In diesem Sinne erinnert uns jeder Briefkasten daran, dass es sich lohnt, einen festen Ort bzw. einen festen Zeitpunkt im Alltag zu haben, an dem uns Gottes Grüße erreichen können.

⇨ Nehmt euch gemeinsam vor, in der nächsten Woche (im nächsten Monat) einen bestimmten Abschnitt in der Bibel zu lesen. Als Erinnerung kann die Mitarbeiterin oder der Mitarbeiter eine Überraschungspostkarte an alle versenden.

CONTROLLER

Unser Herr ist gewaltig, groß ist seine Macht, seine Einsicht hat keine Grenzen.
Psalm 147,5

Gott will unser Leben regieren.

Leben, Macht

So ein Ding

Ein umgangssprachlich als „Controller" bezeichnetes Eingabegerät dient grundsätzlich der Steuerung. Zunächst wurden sie deshalb in Lokomotiven, Getrieben und dem militärischen Bereich eingesetzt. Erst in der Nachkriegszeit erhielten sie Einzug im industriellen Bereich. Rasch wurden damals dann z. B. Modellflugzeuge mit Steuerungsgeräten – Controllern – ausgestattet und somit der Weg in die Privathaushalte geebnet. Wirklich bedeutungsvoll für unseren Alltag wurden Controller jedoch erst mit dem Aufkommen der digitalen Spielindustrie. Egal ob Fernbedienung, Touchscreen, Tanzmatte, Lenkrad, Gamepad oder Joystick: ohne den Controller funktioniert in der digitalen Spielewelt nichts mehr.

So ein Gott

Ein Controller verleiht uns Macht über Menschen, Tiere, Fahrzeuge, Materialien oder sonstige Lebewesen in digitalen Spielewelten. Mit wenigen Klicks entscheiden wir über das Aussehen, die Fähigkeiten und den Namen unseres Charakters. Mithilfe von Aktionstasten, Sticks und Steuerkreuz zerstören wir Leben, bauen eigene Städte, sammeln Süßigkeiten oder fahren Autos gegen die Wand. Die digitale Spielewelt ist groß und bunt und weit – und wir haben die Kontrolle darüber in der Hand.

Allerdings sind Tasten irgendwann abgenutzt, manche Funktion zu sehr beansprucht und das kleine Gerät ist früher oder später nicht mehr zu gebrauchen. Wie gut, dass dies nicht das Ende bedeutet, denn ein neuer Controller steht zum Kauf bereit. Immer wieder neue Formen, neue Farben, neue Möglichkeiten. Die Macht kehrt also wieder zurück in unsere Hände.

So läuft es in der Welt der digitalen Spiele. Mit dem Controller in der Hand können wir immer wieder von vorn beginnen, manches Level so oft wiederholen, bis wir es geschafft haben, und ohne uns zu verletzen mehrmals hintereinander in den Graben fahren. Kein Monster kann uns tatsächlichen Schaden zufügen. Und bevor wir den Controller vor Wut an die Wand werfen, können wir aus jedem Spiel aussteigen. Doch im echten Leben ist vieles anders! Deshalb brauchen wir für unser Leben etwas anderes als einen Controller in unserer – oder in der Hand eines anderen Menschen. Denn niemand von uns ist perfekt und kann gefahrenlos oder fehlerfrei das Leben meistern. Gott dagegen schon!

Es lohnt sich, ihm die Kontrolle über unser Leben, Denken, Fühlen, Reden und Handeln anzuvertrauen. Denn er ist Schöpfer und König dieser Welt. Er hat sie und uns bis ins kleinste Detail erdacht und gemacht. Das bedeutet: Nichts, was uns und unser Leben betrifft, wird Gott aus der Ruhe bringen. Er kennt jeden Level, den wir meistern werden. Er hat die Macht, uns mit allem auszustatten, was wir zum Leben brauchen, und er wird uns letztlich zu einem guten Ziel führen. Dazu braucht er allerdings keinen Controller, sondern nur unser Vertrauen.

⇨ Nach dieser Andacht bietet es sich an, mit Beamer und Konsole gemeinsam in die digitale Spielewelt einzutauchen.

DESIGNERSTÜCK

Sie planen ihr Verbrechen und sagen: „Wir haben es, jetzt muss es uns gelingen! – Aus einem klugen Kopf kommen kluge Gedanken.“
Jesaja 64,7

Wir sind einzigartig designt von Gott.

Einzigartig, Schöpfung

So ein Ding

Das Wort Design leitet sich ursprünglich aus dem Lateinischen ab und bedeutet Entwurf oder Formgebung. Dahinter steckt jedoch viel mehr als nur die Frage nach der äußerlichen Form und Farbe eines Objektes. Im Design-Prozess spielen die Bedürfnisse und Interessen der späteren Käuferinnen und Käufer ebenso eine Rolle wie die Funktion und Haltbarkeit des Objektes selbst. Designer denken und arbeiten deshalb sehr zweckorientiert, was sie von Künstlern unterscheidet. Zu den berühmtesten Designern der Welt zählen u. a. Giorgio Armani, Luciano Benetton, Laura Biagiotti, Hugo Boss, Coco Chanel, Tommy Hilfiger, Calvin Klein und Karl Lagerfeld. Obwohl diese vor allem in der Modebranche tätig sind, umfasst Design u. a. auch die Bereiche Wohnen, Architektur, Schmuck, Wirtschaft oder Grafik.

So ein Gott

Unsere Welt lebt vom Design! Abgesehen davon, dass Gott selbst sie dereinst designt hat, gibt es heute keinen Bereich mehr, in dem ein Designer nicht kreativ und reich werden kann. Dazu gehören Gegenstände und Materialien ebenso wie einfache Landschaften oder alles, was mit Medien und dem Internet zu tun hat. Allerdings ist vielen gar nicht bewusst, wie sehr Designer und ihre Produkte uns und diese Welt beeinflussen. Sie setzen Maßstäbe, kurbeln die Wirtschaft an und fördern aufgrund der verwendeten Materialien sogar den Umweltschutz. Doch gleichzeitig ziehen sie uns das Geld aus der Tasche und lösen Gruppenzwänge im sozialen Miteinander aus. Oftmals nur, weil der Name wichtiger und wertvoller zu sein scheint als das Produkt selbst. Dabei lieben die meisten Designer ihren Beruf – und vor allem das, was sie erschaffen und kreiert haben. Viele von ihnen sind kreativ, begabt und leider viel zu oft abhängig von Einfluss, Reichtum und der Bewunderung anderer.

Es gibt jedoch einen Designer, der seinem Wesen nach ganz anders ist. Und das erkennt man an seinen Designerstücken – und seiner Liebe zu ihnen. Es geht um Gott! Er ist es, der uns Menschen erschaffen hat. Er kreiert uns einzigartig. Aussehen, Stärken, Schwächen oder auch der Charakter sind bei jeder und jedem einmalig. Selbst eineiige Zwillinge sind wertvolle Einzelstücke Gottes. Niemand ist der oder dem anderen jemals vollkommen gleich. Auch hat Gott in all seiner Kreativität und Sorgfalt nicht vergessen, seine Schöpfung zu signieren! Natürlich ist da nichts eingraviert oder aufgenäht. Sondern wir können es entdecken, angefangen bei der Präzision, in der Gott die Erde genau im richtigen Abstand und Winkel zur Sonne erschaffen hat, über die Vielfalt und Farben der Lebewesen und Pflanzen bis hin zu unserem Körper, der ein wahres Wunderwerk an Funktionen und Möglichkeiten ist!

Gottes Kreativität und Genialität stecken in seiner ganzen Schöpfung. Auch in jedem Menschen kann sich ein Teil des Wesens Gottes widerspiegeln. Seine Fülle, seine Macht, sein Humor und seine Liebe sind nicht zu übersehen. Denke daran: Auch du bist eine einzigartige Kreation des größten Designers aller Zeiten!

⇨ Gestaltet euer eigenes Designerstück, passend zum Bibelvers entweder aus Ton, Gips oder Salzteig.

DIXI®-KLO

Doch wegen unserer Schuld wurde er gequält und wegen unseres Ungehorsams geschlagen. Die Strafe für unsere Schuld traf ihn und wir sind gerettet. Er wurde verwundet und wir sind heil geworden.
Jesaja 53,5

Jesus hat deine Schuld auf sich genommen und vergeben.

Kreuz, Schuld, Vergebung

So ein Ding

Die mobile Toilette kommt z. B. auf Baustellen oder bei Großveranstaltungen zum Einsatz, wenn keine geeignete Toiletten-Infrastruktur vorhanden ist. Die allgemein bekannte Bezeichnung Dixi® ist nur ein Markenname der beiden weltweit führenden Anbieter von mobilen Toiletten, die 1997 zu Toi & Dixi® fusionierten. Erfunden wurde sie 1973 von einem in Deutschland stationierten amerikanischen Soldaten. Er wollte auch im Einsatz die Privatsphäre beim Toilettengang wahren und (nicht nur) sich vor den Geräuschen und Gerüchen der anderen schützen. So baute er eine erste Version der mobilen Toilette. Seine Idee wurde zum Erfolg! Er verließ das Militär, widmete sich voll und ganz der Produktion von mobilen Toiletten und konnte erleben, wie sie 1980 durch den Besuch des Papstes weltweiten Ruhm erlangten. Denn dank der Live-Übertragung im Fernseher konnten alle Zuschauer die Dixi®-Häuschen sehen, die zu Tausenden aufgestellt waren, um den Papst vor vermeintlich üblen Gerüchen zu schützen.

So ein Gott

Eine mobile Toilette kann ein Retter in der Not sein. Denn vieles ist besser, als sich in die Hose zu machen. Aber wenn wir ehrlich sind, dann ist es nicht immer angenehm, ein solches Toilettenhäuschen zu benutzen. Je nachdem wie lange es schon steht und welche riech- und sichtbaren Spuren hinterlassen wurden, ist so ein Klobesuch nicht lecker. Da hilft auch die chemische Substanz nicht viel, die oft zur Desinfektion und Milderung der Gerüche im Tank zu finden ist. Eine mobile Toilette kann eine echte Herausforderung für Nase und Magen werden.

Spannend, dass wir Menschen manchmal so empfindlich sind. Denn es gibt ganz anderen „Scheiß", den wir sehr lange sehr gut aushalten. Ich meine damit den Mist, den wir selbst verzapfen. Gemeinheiten, Verletzungen, Lügen, Beleidigungen, Schmerzen, Wut oder Hass, durch die wir Schuld auf uns laden. Und wenn wir ehrlich sind, dann verletzen wir durch unsere Worte, Taten und Gedanken jeden Tag mindestens einen Menschen. In unseren Mündern, Köpfen und Herzen sammelt sich reichlich Dreck und Müll an. Echter Scheiß, den unsere Herzen und Seelen eine Weile gut aushalten. Doch früher oder später ist es zu viel. Wir können all die Dunkelheit in uns nicht mehr schönreden. In uns quillt es über. So wie es bei jeder mobilen Toilette passiert, wenn sie nicht regelmäßig geleert wird.

Ja, auch in Toilettenhäuschen muss der Mist abgepumpt werden, damit Gase und Chemikalien nicht zur Gefahr werden und ein Überlaufen verhindert wird. Das ist wichtig. Und bei uns Menschen ist es sogar lebenswichtig! Auch wir können mit all dem Mist in uns nicht allein zurechtkommen. Und das müssen wir auch nicht. Denn Jesus ist da! Durch seinen Tod am Kreuz hat er alle Schuld, die wir jemals auf uns laden und in uns spüren werden, längst beglichen. Jesus ist gestorben, damit wir befreit leben können. Er ist da und will uns helfen, Schuld zu benennen. Er will uns die Kraft und den Mut geben, neu anzufangen. Er will unser Herz und unsere Seele von allem Scheiß befreien. Dafür hat er sein Leben gegeben.

⇨ Eine Klobrille auf einem Eimer kann symbolisch eure mobile Toilette sein. Dort hinein könnt ihr Zettel werfen, auf die jede und jeder ganz persönlich den eigenen „Mist" schreiben kann. Ihr könnt Schuld bekennen, Fehler benennen und dann alles mithilfe eines starken Staubsaugers verschwinden lassen.

Ei

Von Gottes Güte kommt es, dass wir noch leben. Sein Erbarmen ist noch nicht zu Ende, seine Liebe ist jeden Morgen neu und seine Treue unfassbar groß.
Klagelieder 3,22-23

Gottes Güte ist jeden Morgen neu.

Güte, Vergebung

So ein Ding

Das Hühnerei dient sowohl dem Menschen als Nahrungsmittel als auch der Henne zur Erzeugung von Nachkommen. Seine Entwicklung braucht etwa 24 Stunden und bedeutet, dass ein Huhn maximal ein Ei pro Tag legen kann. Die Eierschale besteht fast ausschließlich aus Kalk. Entgegen der Meinung, dass die Farbe der Eierschale auf die Haltung der Hühner zurückzuführen ist, hängt die Farbe allein von der Rasse der Hühner ab. Die Färbung ist also rein genetisch bedingt.
Statistiken sagen, dass in Deutschland jährlich gut 11 Milliarden Eier produziert und zusätzlich etwa 8 Milliarden Eier importiert werden. Statista nennt für 2019 einen jährlichen Pro-Kopf-Verbrauch von etwa 236 Eiern (Stand 25.03.2020).

So ein Gott

Für manche Menschen gehört jeden Morgen ein gekochtes Ei mit auf den Frühstückstisch. Und, ganz biologisch betrachtet, ist es ja tatsächlich so, dass ein Huhn jeden Tag neu ein Ei legen kann. Allerdings geschieht dies nicht nur, um uns Menschen tagtäglich zu erfreuen und zu sättigen. Sondern so ein Hühnerei ist auch ein Symbol des Lebens, da in ihm ein Küken – also ein neues Leben – entstehen kann. Klein und dennoch famos! Somit ist das Ei nicht nur ein wunderschönes Beispiel dafür, dass wir Menschen jeden Tag neu versorgt sind. Denn in unserem Leben geht es um viel mehr als nur um Essen, Kleidung, Freunde, gute Noten oder das Dach über dem Kopf. Vielmehr erinnert uns das Ei an all das Gute, mit dem Gott unser Leben jeden Tag neu füllen möchte! Das beginnt damit, dass er an jedem neuen Morgen mit uns in den Tag starten will. Unser „gütiger" Gott erwartet den Moment, an dem wir aufwachen, um unseren Tag mit uns zu gestalten.

„Güte" ist kein besonders aktuelles Wort. Güte ist, ähnlich einem Hühnerei, klein und famos! So beschreibt sie auf geniale Weise Gottes Wesen. Denn Güte meint ein freundliches und großzügiges Denken und Handeln gegenüber anderen. Genau so ist unser Gott! Und doch steckt noch viel mehr dahinter! Denn Gott selbst ist ja durch und durch gut. Er ist die Quelle von allem Guten – von aller Güte – und lässt uns daran teilhaben. Dazu gehört auch, dass mit dem Beginn eines neuen Tages für Gott das Gestern keine Rolle mehr spielt. Wir können alles Schwere, die Fehler und Schuld des Vortages an ihn abgeben und uns dem Guten neu anvertrauen. Wir können aus der Quelle der Güte schöpfen, um mit einer neuen Chance in den nächsten Tag zu starten und Gottes Güte an andere weitergeben.

Ja, als Kinder Gottes werden wir – anders als bei einem Hühnerei am Tag – unermesslich von ihm versorgt, beschützt, geleitet, geliebt und niemals allein gelassen. Denn Gott war und ist und bleibt derselbe. Sein Wesen ändert sich nicht und seine Güte bleibt jeden neuen Tag bestehen.

⇨ Neben mannigfaltigen Möglichkeiten, Eier zu essen, gibt es tolle Spiele rund um das Ei wie z. B. Eier laufen oder Weitwurf mit hartgekochten Eiern. Es können aber auch Eierbecher (mit Bibelversen) gebastelt und gestaltet werden.

EINTRITTSKARTE

Jesus antwortete: „Ich bin der Weg, denn ich bin die Wahrheit und das Leben. Einen anderen Weg zum Vater gibt es nicht.
Johannes 14,6

Es kommt nicht auf uns, sondern auf Jesus an.

Ewigkeit, Himmel

So ein Ding

Eine Eintrittskarte berechtigt den Besitzer, eine Dienstleistung in Anspruch zu nehmen oder an einer Veranstaltung teilzunehmen. Formell ist sie eine Art Inhaberpapier und steht sogar für einen Vertrag zwischen dem Inhaber und dem sogenannten Dienstleister. Eintrittskarten werden normalerweise in Form von Einzelkarten, Dauerkarten, Backstage-Karten, VIP-Ausweisen oder Kombikarten angeboten. Sie gibt es längst nicht mehr nur aus Papier in allen Farben, Formen und Dichten, sondern auch digital, z. B. in Form von QR-Codes.

So ein Gott

Egal ob Schwimmbad, Kino, Zoo, Museum oder Konzert: ohne gültige Eintrittskarte bleibt uns der Eintritt verwehrt. Ohne Eintrittskarte können wir unseren Star nicht bejubeln oder müssen auf den Freizeitspaß verzichten. Ganz zu schweigen davon, dass manche Eintrittskarte echt teuer ist und man ordentlich sparen muss, um ans Ziel zu kommen. Meist nur ein kleines Stück Papier als Ausdruck von unfassbarer Vorfreude, Tatendrang und Begeisterung. Doch wie sieht es aus, wenn wir an das Ende unseres Lebens denken? Wenn wir darüber nachdenken, dass Gott uns ja ein neues himmlisches Zuhause verspricht? Es wartet eine neue Welt auf uns, die uns

in der Bibel unbeschreiblich schön und wunderbar vor Augen gemalt wird. So sollen dort z. B. kein Schmerz, kein Leid und keine Tränen mehr zu finden sein. In gewisser Weise einfach himmlisch! Aber wie kommen wir dort hinein? Gibt es die Möglichkeit, eine Eintrittskarte in den Himmel zu bekommen? Und was wird sie uns wohl kosten? Können wir den Preis dafür bezahlen oder müssen wir ihn abarbeiten?
Manch einer behauptet, dass die Taufe als Eintrittskarte in den Himmel ausreicht. Wieder andere erzählen, dass wir viel Gutes tun müssen und dann würde es mit dem himmlischen Zuhause schon funktionieren. Doch in der Bibel finden wir eine ganz andere, klare Aussage darüber, wie wir Menschen in Ewigkeit mit Gott verbunden sein können – in aller Herrlichkeit. Denn es gibt sie tatsächlich, die Eintrittskarte in den Himmel. Sie besteht jedoch nicht aus Papier oder Plastik, sondern aus Fleisch und Blut. Es geht um Jesus! Er, der als Sohn Gottes auf diese Erde kam, hat durch seinen Tod und seine Auferstehung den Weg zu Gott freigemacht. Ein für alle Mal und unmissverständlich. Auch der Bibelvers aus Johannes 14 macht es deutlich. Bei Gott geht es nicht darum, was wir alles tun müssen. Sondern es geht darum, dass Jesus schon alles getan hat. Wenn wir ihm vertrauen und nach seinem Willen leben, dann sind wir schon jetzt und in alle Ewigkeit mit Gott verbunden. Jesus ist der Weg, unsere Eintrittskarte zu Gott.

⇨ Es können Fotos gemacht werden, auf denen die Kinder mit ausgestreckten Armen im Licht stehen und ihr Schatten somit ein Kreuz auf dem Boden abbildet. In dieses dunkle Kreuz hinein muss entweder durch digitale Nachbearbeitung oder schon beim Fotografieren mit heller Schrift der Bibelvers lesbar gemacht werden.

EISCREME

Als Jesus danach die Stadt verließ, sah er einen Zolleinnehmer an der Zollstelle sitzen. Er hieß Levi. Jesus sagte zu ihm: „Komm, folge mir!“ Und Levi ließ alles zurück, stand auf und folgte Jesus.
Lukas 5,27-28

Trau dich, Gott zu vertrauen.

Gebet, Glaube, Vertrauen

So ein Ding

Grundsätzlich handelt es sich bei Speiseeis um eine gefrorene Süßspeise, dessen Geschichte viele tausend Jahre alt ist. So soll es bereits im antiken China und in der europäischen Antike Eisspeisen gegeben haben. Alexander der Große soll eine Art Wassereis geliebt haben und römische Kaiser ließen sich gefrorenes Wasser durch Schnellläufer aus hohen Gebirgen bringen, um Eis herzustellen. Ab dem 11. Jahrhundert nahmen die Begeisterung und die Möglichkeiten der Herstellung zu, bis wahrscheinlich 1799 die erste Eisdiele in Hamburg eröffnet und ab 1905 auch das Wassereis entdeckt und hergestellt wurde. Die Grundzutaten sind Wasser, Milch oder Sahne, die manchmal mit Eigelb gemischt und mit Zucker verrührt werden. Alle weiteren Zutaten dienen dem Geschmack, der Konsistenz und dem Aussehen. Dabei scheinen die Variationen grenzenlos! So soll es in Venezuela eine Eisdiele geben, die 870 (Stand 2017) verschiedene Sorten anbietet.

So ein Gott

Eis ist lecker, kalt und schmeckt nicht nur im Sommer gut. Neben den Klassikern wie Vanille, Schokolade, Erdbeere und Stracciatella haben mittlerweile auch unzählige Süßigkeiten, Früchte, Kuchen und Comic-Helden eine eigene Eissorte erhalten. Über Geschmack lässt sich streiten. Sicherlich fällt es allen leicht, für die eigene liebste Eissorte zu schwärmen und gute Gründe zu nennen, warum man eine andere Eissorte auf keinen Fall essen sollte. Somit steht fest: mitreden kann nur, wer selbst probiert! Denn du wirst zu jeder beliebigen Eissorte immer wieder unterschiedliche Meinungen hören. Aber wenn du wissen willst, ob sie dir schmeckt, musst du sie selbst probieren.

Genauso ist es auch mit dem Glauben an Jesus Christus. Du kannst mit vielen Menschen über den Glauben reden. Du kannst dir viele Meinungen und Erfahrungen anhören und dir auch viele Geschichten aus der Bibel erzählen lassen. Doch solange du es nicht wagst, selbst Jesus zu vertrauen, wirst du nie wissen und erleben, wie es ist, an ihn zu glauben. Du musst das Bibellesen selbst ausprobieren, um zu entdecken, wie Gott durch die scheinbar uralten Geschichten noch heute Leben verändert. Und wie das, was andere Menschen mit Gott erlebt haben, auch dein Denken und Handeln beeinflussen kann. Wenn du also wissen willst, wie es sich anfühlt, mit Jesus befreundet zu sein, dann sage ihm, dass du ihn kennenlernen und seine Kraft in deinem Leben spüren willst. Ich bin mir sicher: Gott lässt dich nicht hängen! Versuche, in großartigen Momenten „Danke, Gott!“ zu sagen oder zu denken. Und bei der nächsten Spinne, die dir begegnet, oder dem nächsten Donnergrollen, das dir Angst macht, denke an Gott und seine Macht. Probiere es aus, mit Gott zu reden – wann, wo und wie auch immer es zu dir passt. Vielleicht ist es ungewohnt, mit jemandem zu reden, den du nicht sehen kannst, doch es lohnt sich, weil Gott dich hört! Dabei musst du übrigens keine besonderen Worte wählen. Gott kennt dich und liebt es, wenn du echt und ehrlich bist. Wenn du wissen willst, was der Glaube an Jesus Christus bedeutet, dann musst du dich trauen, ihm zu vertrauen – und du wirst Wunder erleben!

⇨ Es gibt schnelle und leckere Varianten, Eis selbst herzustellen, z. B. mit gefrorenen Beeren, Puderzucker, Ei und Joghurt. Informationen und viele andere Rezepte findet man u. a. unter www.chefkoch.de (letzter Zugriff am 11.05.2020).

ERDBEERKUCHEN

Habt ihr euren Schöpfer vergessen, der euch erschaffen hat? Es ist derselbe, der den Himmel ausgespannt und die Erde auf festen Grund gestellt hat!
Jesaja 51,13a

Gott hat uns und diese Erde erschaffen.

Bibel, Schöpfung

So ein Ding

Ein Erdbeerkuchen oder eine Erdbeertorte ist eine klassische Art des Obstkuchens und kann in vielen Variationen zubereitet werden. Grundsätzlich nimmt man jedoch Erdbeerstücke, verteilt sie auf einem Biskuitboden und fixiert sie letztlich mit Tortenguss. Zusätzlich kann z. B. Schlagsahne, Vanillepudding oder Konfitüre den Geschmack des Erdbeerkuchens nach Belieben verfeinern. Der bislang größte Erdbeerkuchen in Deutschland wurde 2010 in Mecklenburg-Vorpommern hergestellt. Er war gut 60 Quadratmeter groß und bestand aus gut 600 Kilogramm Erdbeeren.
Doch abgesehen von Form und Größe haben Wissenschaftler festgestellt, dass ein Erdbeerkuchen süßer schmeckt, wenn man ihn von einem weißen Teller isst! Denn da unser Gehirn den Farbkontrast von Rot und Weiß sehr intensiv wahrnimmt, werden gleichzeitig unsere Geschmacksnerven sensibilisiert und so auf ein besonderes Erlebnis vorbereitet.

So ein Gott

So ein Erdbeerkuchen duftet frisch gebacken und belegt sehr verführerisch, sieht lecker aus und weckt in vielen die Lust, sich mindestens ein Stück davon schmecken zu lassen. Darüber hinaus verrät uns ein Erdbeerkuchen so einiges! Durch ein genaues Betrachten und ein genussvolles Probieren können wahre Kenner herausfinden, aus welchen Zutaten der Kuchen gemacht wurde. Und vielleicht verrät uns die Wärme oder Konsistenz des Teiges auch, wann in etwa er gebacken wurde. Doch es gibt mindestens zwei Dinge, die uns kein Erdbeerkuchen über sich selbst verraten kann: den Bäcker und den Grund, warum er gemacht wurde! Dies weiß einzig und allein der Schöpfer des Erdbeerkuchens.

Und genauso verhält es sich auch mit unserer großen weiten Welt! Es gibt viele Wissenschaftler und Forscher, die sich viele Gedanken darüber machen, wie unsere Erde wohl entstanden ist. Dabei nutzen sie seit jeher alle technischen Möglichkeiten, ihre Fantasie, unzählige Gesteinsproben, Knochenfunde und immer auch neue Erkenntnisse aus Biologie, Astronomie, Physik und Chemie. Auf diesem Wege haben wir Menschen im Laufe der Geschichte schon vieles herausgefunden. Manches davon ist wirklich großartig, indem es uns z. B. im Bereich der Medizin, des Umweltschutzes, der Vielfalt der Natur und der Einzigartigkeit unserer Erde vieles verstehen lässt. Doch keine Wissenschaftlerin und kein Wissenschaftler wird jemals erforschen können, wie und warum genau diese Erde überhaupt entstanden ist! Denn das „Wer?“, das „Wie?“ und das „Warum?“ weiß nur derjenige, der es vollbracht hat.

Bei diesem Erdbeerkuchen lässt sich mit wenigen Fragen klären, wer den Teig gebacken und den Boden belegt hat. Im Blick auf unsere Welt ist es sehr ähnlich! Wir müssen dazu einfach in die Bibel schauen. Gleich zu Beginn stellt sich Gott als derjenige vor, der diese Welt erschaffen hat. Aus Liebe zu uns Menschen hat er diese Erde geformt, gestaltet und mit allem gefüllt, was wir zum Leben brauchen. Er ist der Schöpfer dieser Welt! Um das zu verstehen, müssen wir keine Wissenschaftlerinnen und Wissenschaftler werden, sondern können einfach diesen Erdbeerkuchen bestaunen und genießen.

⇨ Der Grundgedanke der Andacht lässt sich natürlich anhand von jedem Kuchen erklären. Und im Anschluss sollte dieser auch gemeinsam gegessen werden.

FINGERPUPPE

Das Menschenherz macht Pläne – ob sie ausgeführt werden, liegt beim Herrn.
Sprüche 16,9

Gott leitet dich auf deinem Weg.

Führung, Leben

So ein Ding

Im eigentlichen Sinne besteht eine Fingerpuppe nur aus einem Kopf, der auf einen Finger gemalt oder gezogen wird. Dabei sind Fantasie und Möglichkeiten keine Grenzen gesetzt. Angefangen bei einfach aufgemalten Mündern über Wackelaugen-Ringe bis hin zum Puppenkopf aus Stoff mit feinsten Details ist alles möglich. Um der Fingerpuppe mehr Halt zu geben, gehört oftmals ein weiterführendes angenähtes Stoffteil mit dazu, das einen Teil des Fingers mit abdeckt. Aufgrund der Einfachheit können Fingerpuppen vielseitig verwendet werden. Dabei hängen die Wirkung des Spiels, die Bewegungen und die Interaktion jedoch stark vom Können der Person ab, die die Puppe spielt.

So ein Gott

Fingerpuppen, als kleine Geschwister der Handpuppen, sind schön anzusehen und wecken in uns schnell kreative Spielideen. Faszinierend dabei ist, dass schon ein kleines Gesicht, das mit Kugelschreiber aufgemalt wurde, langweilige Schulstunden spannender macht oder Kinder beim Arztbesuch ermutigt. Allein unsere Fingerfertigkeit, unsere Bewegung und unsere Fantasie machen aus einem Stück Stoff einen gefährlichen Löwen, einen trotteligen Seppel oder einen verliebten Nerd mit Brille.

All diese lustigen und verspielten Momente sind nur möglich, wenn wir die Puppe durch unseren Finger lebendig werden lassen. Ganz ähnlich ist es mit uns Menschen und Gott! Alles hat damit begonnen, dass er uns unser Leben geschenkt hat. Und vom ersten Tag an möchte er als Schöpfer aus ganzem Herzen auch unser Freund und Regisseur sein. Denn wenn wir im Leben, ähnlich wie bei manchem Fingertheater, einen (Text-)Hänger haben oder uns die Fantasie verlässt und wir nicht wissen, wie es weitergehen kann, dann ist Gott da. Er will uns ermutigen und Ideen schenken, damit wir Antworten, Lösungen oder einen neuen Weg finden. Deshalb will Gott uns, genau wie der Finger die Puppe, mit all dem füllen, was wir zum Leben brauchen. Dazu gehören auch Kraft, Liebe, Geduld, Mut und Anerkennung. Mit Gott wird unser Leben erfüllt, reich und lebenswert.

Doch es gibt noch einen großen Unterschied zwischen der Fingerpuppe und uns! Jede Fingerpuppe kann in all ihren Worten, Bewegungen und Ausdrucksformen nur das tun, was wir sie sagen oder machen lassen. Da gibt es keinerlei eigene Entscheidung. Wie anders ist da die Beziehung zwischen Gott und uns! Denn wir sind alle mit eigenen Gedanken und Gefühlen geschaffen. Das bedeutet, dass Gott unser Leben nicht über uns hinweg, sondern mit uns gemeinsam gestalten will. Ähnlich wie der Regisseur eines Theaterstücks will Gott mit uns die Geschichte unseres Lebens schreiben. Dazu müssen wir ihm unsere Gaben, Träume und Ideen anvertrauen und ihn auch in Fragen und Ängste mit hineinnehmen. Denn nur so kann aus dem Miteinander etwas Großartiges werden! Ja, Gott will mit uns unterwegs sein, damit wir mit und durch ihn erleben, wie fantasievoll, spaßig, bewegend und intensiv unser Leben sein kann. Das verspricht uns Gott!

⇨ Sammelt eure Träume, Wünsche und Pläne. Bleibt bewusst dran, darüber mit Gott zu sprechen, und prüft nach einer Weile, was daraus geworden ist.

Mit bemalten Fingern oder selbst gebastelten Fingerpuppen kann ein kurzes Theaterstück in Gruppen einstudiert und anschließend allen vorgeführt werden.

FLUGZEUG

Der Herr wird für euch kämpfen, ihr selbst braucht gar nichts zu tun.
2. Mose 14,14

Im Vertrauen auf Gott finden wir Sicherheit.

Nähe Gottes, Vertrauen

So ein Ding

Es ist faszinierend, wie Flugzeuge, um ein Vielfaches schwerer als Luft, durch das Verdrängen derselben und dem Auftrieb der Tragflächen tatsächlich fliegen können – heutzutage fast überall hin und bis zu 950 km/h schnell. Zu den schnellsten Flugzeugen gehören jedoch die Concorde sowie das Militärflugzeug Lockheed SR-71. Beide Maschinen fliegen sogar schneller als der Schall. Weitere Arten sind z. B. Propeller-, Düsen-, Passagier-, Transport- oder Löschflugzeuge. In der Geschichte der Luftfahrt wurde längst versucht, Flugzeuge mit schwingenden Tragflächen zu bauen, die vogelgleich fliegen sollten. Dies gelang bis jetzt jedoch nur bei Modellflugzeugen oder Drohnen. Übrigens: Rein rechtlich dürfen in Deutschland nur motorbetriebene Flugzeuge – und keine segelnden Luftfahrzeuge – „Flugzeuge" genannt werden.

So ein Gott

Für die einen ist es beängstigend und für die anderen absolut faszinierend, wenn sie in ein Flugzeug steigen und dann viele Tausend Meter über der Erdoberfläche unterwegs sind. „Wie im Flug" können wir heutzutage weite Strecken in wenigen Stunden überwinden. Dabei sind vor allem der Start und die Landung besonders kribbelig im Bauch und manchmal druckvoll in den Ohren.

Flugzeuge erobern die Welt! Mittlerweile fliegen täglich bis zu 200.000 Passagierflugzeuge in unserem Himmel und bringen somit gut 4 Milliarden Menschen im Jahr von einem Ort zum anderen. Und all diese Menschen machen beim Einsteigen in ein Flugzeug das Gleiche! Egal, ob mit Freude oder Angst: Sie vertrauen der Pilotin oder dem Piloten. Denn auch wenn jemand von einer Reise erzählt und behauptet: „Ich bin nach Amerika geflogen", dann stimmt diese Aussage nicht wirklich. Denn geflogen ist ja die Pilotin oder der Pilot. Jede Passagierin und jeder Passagier setzt sich in ein Flugzeug und vertraut den Flug, seine Reise und sein Leben dem meist unbekannten Flugpersonal an. Immerhin sind sie Fachleute, trainiert und geübt. Sie sind die Spezialisten in Sachen Fliegen und ihre Autorität stellt niemand infrage.

Um wie viel mehr können wir uns und unser Leben Gott anvertrauen! Denn er ist ja der Schöpfer allen Lebens und Herr dieser Welt. Alles kommt von ihm. Das bedeutet, dass nichts und niemanden Gott überraschen oder gar bezwingen kann. Brenzlige Situationen, die jede Pilotin / jeder Pilot mit viel Schweiß und Anstrengung zu meistern versucht, sind für Gott kein Problem. Unser Herr des Lebens behält die Ruhe und den Überblick. Natürlich erleben wir im Alltag manchmal Turbulenzen, wenn ein heiß ersehnter Geburtstagswunsch nicht erfüllt wird, ein gebrochenes Bein die Teilnahme am Schulausflug verhindert oder der Streit mit der besten Freundin einfach nicht lösbar zu sein scheint. Doch in all dem ist Gott als Spezialist an unserer Seite und will uns durch sein Wort, gute Freunde oder andere Christen leiten und begleiten. Und dies gilt nicht nur für eine Urlaubsreise, sondern für unser ganzes Leben – bis in die Ewigkeit hinein.

Gott ist der wahre Spezialist in Sachen Leben. Deshalb gibt es niemanden, dem unser Vertrauen mehr gebührt als ihm. Und wenn wir uns diesem großartigen Gott anvertrauen, werden wir eine tiefe und einzigartige Sicherheit spüren, die uns – manchmal sogar wie auf Wolken – trägt und hält.

⇨ Falls jemand ein Modellflugzeug hat, kann es heute gestartet werden. Doch abgesehen davon passt das Lied „Sei mein Pilot" von Kristian Reschke gut zur Andacht.

GIEßKANNE

Wir lieben, weil Gott uns zuerst geliebt hat.
1. Johannes 4,19

Lasst uns das Gute, das in uns hineinströmt, weitergeben.

Gaben, Weitergeben

So ein Ding

Eine Gießkanne besteht aus einem Körper (Gefäß), dem Griff, der sogenannten Tülle und dem Brausekopf. Sie dient auf kleineren Flächen der möglichst zielgenauen und gleichmäßigen Bewässerung von Pflanzen und wurde ursprünglich aus Metall hergestellt. Mittlerweile gibt es sie jedoch auch aus Kunststoff, Keramik oder Blech und in unterschiedlichsten Formen und Ausführungen. Obwohl die Gießkanne ein einfacher Gebrauchsgegenstand ist, findet sie sich in Kunst und Literatur wieder. Auch hat ihr die Stadt Gießen 2011 ein eigenes Museum gewidmet.

So ein Gott

Obwohl man Gießkannen längst auch als Dekoration in Gärten und auf Fensterbänken entdecken kann, ist ihr eigentlicher Zweck ein anderer. Mit ihr können Pflanzen mit Wasser versorgt werden. Dazu dienen im Haus meist die kleineren und im Garten die großen Varianten mit bis zu 15 Litern Fassungsvermögen.
Der Gebrauch und die Funktion sind einfach zu durchschauen: Zuerst muss Wasser in die Gießkanne eingefüllt werden, damit es sich dann beim Ausgießen dank des Brausekopfs durch viele Löcher hindurch verteilt. Somit sind sie nützlich, hilfreich, für Pflanzen immer wieder lebenswichtig und für uns im Sommer manchmal eine feuchtfröhliche Erfrischung. Eine Gießkanne gibt das an ihre

Umgebung weiter, was in sie hineingefüllt wurde. Genau dafür wurde sie erfunden!
Und in gewisser Weise funktionieren wir Menschen sehr ähnlich. Denn auch wir geben das weiter, was uns durch Begegnungen und Erfahrungen aus- und erfüllt. So sind wir meist nett zu den Menschen, die auch uns freundlich begegnen. Wir pfeifen die Lieder, die wir am häufigsten hören, beschenken gern die Menschen, die uns auch beschenken, und werden schnippisch, wenn wir uns ungerecht behandelt fühlen.
Erst recht gilt dies für unsere Beziehung zu Gott! Denn wenn wir unser Leben in Verbindung mit Jesus Christus leben, dann werden wir von ihm jeden Tag neu mit unfassbar viel Gutem gefüllt! Dazu gehören Geduld, Kraft, Großzügigkeit, Liebe und sogar Weisheit. Auch an den Tagen, an denen wir all das nicht spüren, ist Gott in unserer Nähe und füllt uns mit dem, was wir brauchen. Ja, wir dürfen seine Gießkanne sein! Denn durch uns können Menschen in unserer Nähe nicht nur von Gott hören, sondern auch Gutes von ihm erleben. Wir können die Familie, die Freunde, die Lehrerinnen und Lehrer und unsere Gemeinde an dem Guten teilhaben lassen, das Gott uns schenkt. Wir können reichlich von seiner Freundlichkeit, seiner Güte und seiner Hilfsbereitschaft weitergeben, weil Gott uns ja immer wieder neu damit füllt. Dabei ist das bei jeder und jedem von uns sicherlich ein bisschen anders. Denn so wie es Unterschiede bei den Gießkannen gibt, sind auch wir unterschiedlich gefüllt und begeistert.
Doch für alle, die mit Jesus unterwegs sind, gilt: Sei löchrig und gib das Gute weiter!

⇨ Pflanzt Blumen- oder Gemüsesamen ein, um sie zu versorgen, großzuziehen und dann zu verschenken.

GOLDFISCHGLAS

Den Feinden hast du mich nicht ausgeliefert, sondern mir Raum zum Leben verschafft.
Psalm 31,9

Mit Gott wird deine Welt größer, bunter und weiter.

Leben, Veränderung

So ein Ding

Ein Goldfischglas ist eine offene Glaskugel, die als Zimmeraquarium dienen kann. Im 18. Jahrhundert war es modern, sich in einem solchen Glas Zierfische zu halten. Auch im 19. Jahrhundert waren Goldfischgläser noch weit verbreitet. Doch seit etwa 100 Jahren dienen sie überwiegend als Dekoration, da eine artgerechte Fischhaltung darin nicht gut möglich ist. So können Goldfische bei richtiger Versorgung bis zu 40 Jahre alt werden. In Goldfischgläsern überleben sie dagegen maximal wenige Wochen.

So ein Gott

Goldfischgläser und kleine Aquarien kann man heutzutage vor allem als Dekoration entdecken. Sie sind wunderschön gestaltet mit genialen Lichteffekten, täuschend echten bunten Plastikfischen und -landschaften. Und das ist auch gut so. Denn egal wie schön die kleinen Glaskugeln mit Goldfischen in Filmen oder auf Fotos auch aussehen, sie sind eine echte Tierquälerei. In einem Goldfischglas kann kein Fisch ein glückliches, gesundes oder langes Leben führen. Dabei spielt die liebevolle Versorgung der Besitzer keine Rolle. Sondern es ist das triste Leben, in dem es nichts zu entdecken gibt und in dem sich die Fische in keinerlei Weise entfalten können. Diese Einschränkung, die fehlende Freiheit und natürlich die mangelnde

Bewegung sind tödlich für die kleinen Wassertiere. Wenn sie könnten, würde wahrscheinlich jeder von ihnen aus dem Glas in die Freiheit springen. So wie es in manchen Filmen geschieht. Und so wie es auch in deinem Leben sein kann!

Denn auch wir leben manchmal wie in einem Goldfischglas. So kosten uns die alltäglichen Aufgaben in Schule, Familie oder Verein viel Kraft und wir verlieren immer wieder wertvolle Zeit am Smartphone oder vor dem Fernseher. Ganz zu schweigen von den Momenten, in denen wir uns nur um uns selbst drehen. Situationen, in denen unsere Gefühle, unsere Bedürfnisse, unsere Erlebnisse und unsere Sicht der Dinge das Einzige sind, das zählt.

Doch Gottes Welt ist größer und bunter, als wir es vielleicht glauben können! Denn mit Gott bekommen Dinge einen anderen Wert und viele Situationen eine ganz andere Chance. In uns stecken so viele Gaben und Ideen, von denen die Welt sicherlich manche gut gebrauchen kann. So gehören die Herausforderungen in der Schule auf unserem Weg zum Traumberuf vielleicht einfach mit dazu. Fakt ist: Gott hält in dieser Welt ganz viel für uns bereit. Darauf dürfen wir neugierig sein! Auch wenn dazu gehört, dass wir manch Vertrautes (unser Goldfischglas) verlassen müssen, um mit Gott Neues zu wagen. Neue Menschen kennenlernen. Neue Hobbys ausprobieren. Freundlich, liebevoll, geduldig und hilfsbereit den anderen begegnen, um sich eben nicht nur um sich selbst zu drehen. Denn wir dürfen nicht vergessen: Jeder Goldfisch im Glas verpasst das echte, bunte und freie Leben und muss stattdessen einsam vor sich hin schwimmend eingehen. Um wie viel mehr lohnt es sich also, mit Gott diese seine Welt zu entdecken! Und ich verspreche: Es ist spannend, großartig und immer wieder anders als gedacht.

⇨ Gestaltet euer kleines „Goldfischglas“! Ihr braucht dazu z. B. alte Marmeladengläser, Wasser, Glitzer, kleine Plastikfische und -pflanzen, die mit Heißkleber von innen auf dem Deckel fixiert werden. Wenn das gut getrocknet ist, kommen Fische, Glitzer und Wasser ins Glas und fertig ist die „Goldfischglas-Glitzerkugel“.

HANDYSCHUTZHÜLLE

Von allen Seiten umgibst du mich, ich bin ganz in deiner Hand.
Psalm 139,5

Gott will uns beschützen.

Gottes Liebe, Schutz

So ein Ding

Im Allgemeinen bezeichnet eine Hülle ein Ding, das einen Schutzraum bildet und das Innere vom Äußeren abgrenzt. So ist z. B. die Haut die Hülle des Menschen und die Atmosphäre die Hülle der Erde. Bei Objekten wie der Handyschutzhülle stecken Bedeutung und Gebrauch schon im Namen: der Inhalt soll geschützt werden, in diesem Fall besonders vor Stößen und Stürzen. Als Normalverbraucher hat man zum Schutz des Handys oder Smartphones die Möglichkeit, zwischen Case, Bumper und Hülle zu wählen. Sowohl Hard- als auch Softcase schützen jedoch vor allem die Rückseite des mobilen Telefons. Ein Bumper wird sogar nur über den Rahmen gezogen, sodass tatsächlich allein die Schutzhülle eine Rundumsicherheit bietet.

So ein Gott

Egal ob Handy oder Smartphone: Umfragen zufolge sollen nur etwa 5% aller Menschen heutzutage keines besitzen. Und besonders in den westlichen Ländern scheinen sie allgegenwärtig und es gibt fast niemanden mehr, der ohne Handy oder Smartphone seinen Alltag gestaltet. So klingeln, leuchten und piepen auch bei uns in Deutschland die mobilen Telefone in nahezu jeder Hosentasche. Ja, wir gewinnen diese kleinen Wunderwerke der Technik meist von Herzen lieb, gebrauchen sie mehrmals täglich und speichern in ihnen viele Daten, Fotos und Freundschaften. Demnach ist es nicht besonders überraschend, dass wir unsere Handys und Smartphones bestmöglich schützen wollen. Wie gut, dass es Handyschutzhüllen in allen passenden Größen und in Millionen verschiedener Farben und Muster gibt. Auf diese Weise sind unsere kleinen Helden vor Schlägen, Stößen, Stürzen, Unachtsamkeit und sogar kleinen Wasserattacken gut geschützt.

Rundherum sicher. Doch: Was ist so ein Handy oder Smartphone eigentlich im Vergleich zu dir? Würde ich Gott diese Frage stellen, dann würde er wahrscheinlich kurz und herzlich auflachen. Denn du bist um ein Vielfaches mehr wert als jedes technische Gerät. Du bist ein kleines Wunderwerk mit all deinen Gaben, deinen Eigenheiten, Stärken und Schwächen. Und du wirst von Gott geliebt – mit ganzem Herzen. Zudem steckst du voller guter Ideen und kannst neben all deinen Freundschaften auch mit Gott selbst befreundet sein. Zumindest denkt Gott so über dich. Du bist sein größter Schatz! Deshalb will und wird er dich beschützen. Seine fürsorglichen und allmächtigen Hände wollen dir Tag und Nacht einen Raum geben, in dem du sicher und geborgen bist. Egal, ob du einfach einen Ort brauchst, um die Beine baumeln zu lassen, oder ob in deinem Leben gerade der Sturm tobt und du nicht mehr ein noch aus weißt. So wie eine gute Schutzhülle ein Handy umgeben und bergen kann, will Gott dich mit seinen unsichtbaren Händen umfassen, halten und tragen. Nirgendwo sonst wirst du so viel Schutz und Sicherheit finden wie bei ihm.

⇨ Da jedes Handy oder Smartphone samt Hülle zu Hause einen sicheren Platz braucht, können individuelle Halter gebastelt werden. Kreative Ideen, wie dies aus Klopapierrollen oder auch alten Kassettenhüllen gemacht werden kann, sind z. B. auf www.pinterest.de (letzter Zugriff am 11.05.2020) oder unter www.sintre.de/upcycling-so-wird-deine-klo-rolle-zum-suessen-handyhalter (letzter Zugriff am 11.05.2020) mit Schritt-für-Schritt-Anleitungen zu finden.

HEFEZOPF

Er ist denen nahe, die zu ihm beten – allen, die aufrichtig zu ihm beten.
Psalm 145,18

Gott ist mit uns im Gebet verbunden.

Gebet, Nähe Gottes

So ein Ding

Ein Hefezopf besteht aus Hefeteig, ist meist gesüßt und ähnelt einem Laib Brot. Die Besonderheit ist jedoch, dass die Teigmasse vor dem Backen in drei oder mehr Teile geteilt, in Stränge gerollt und dann zu einem Zopf geflochten wird. Dies verleiht ihm sein einmaliges Aussehen. Je nach Geschmack oder Vorliebe werden dem Teig Rosinen zugefügt und der Zopf mit Ei bestrichen und mit gehobelten Mandeln oder Hagelzucker bestreut. Nach dem Backen und Abkühlen wird der Hefezopf meist wie ein Brot in Scheiben geschnitten und oftmals mit Butter bestrichen. Besonders in Baden-Württemberg wird er sehr gern gegessen und dabei in warme Milch getaucht.

So ein Gott

Wenn die Juden, Gottes erwähltes Volk, am Freitagabend Sabbat feiern, dann gehört dazu auch ein großes Essen, bei dem zwei geflochtene Brote nicht fehlen dürfen. Sie werden umgangssprachlich „Challa“ genannt und sind ein fester Bestandteil jeder Sabbatfeier. Denn diese geflochtenen Brote haben für die Juden bis heute eine tiefe Bedeutung. Sie sollen jede Woche neu daran erinnern, dass Gott sein Volk auf der 40-jährigen Wanderung durch die Wüste jeden Tag mit Manna versorgt hat – dem Brot vom Himmel, das jeden Morgen wie Tau auf der Erde bereitlag. Da eine der jüdischen Sabbatregeln aber beinhaltet, dass an diesem Feiertag nicht gearbeitet werden darf, hat Gott seinem Volk an jedem Freitag der Wüstenwanderung zwei Manna-Brote geschenkt – und somit den Samstag, den Sabbat, gleich mit abgedeckt.

Das geflochtene Brot ist die großartige Erinnerung an Gottes Handeln vor Tausenden von Jahren. Doch dieses, einem Hefezopf ähnlichen Backwerk, hat uns noch viel mehr zu sagen! Denn die Teigstränge, die ineinander und miteinander verwoben sind, erinnern an unsere Haltung der Finger im Gebet, die wir falten und so miteinander verflechten. Immer wieder hört man dazu die Erklärung, dass auf diese Weise die Hände ruhig gehalten werden und wir uns auf Gott und unser Gebet konzentrieren können. Das mag wohl auch stimmen.

Doch viel stärker ist das, was die Verflochtenheit der Finger zum Ausdruck bringt. In ihr spiegelt sich unsere Beziehung zu Gott wider. Und dies ganz intensiv in den Momenten, in denen wir mit ihm reden. Gott ist mit uns verflochten. Er will mit uns eine Einheit bilden. Sich mit uns verbinden. Stärke, Halt und Nähe werden in der Verflochtenheit sichtbar. Ja, für den Moment des Gebets können wir diese Nähe dann sogar spüren – an unseren eigenen Händen. Die Handhaltung im Gebet ist also viel mehr als nur eine gute Idee, um zur Ruhe zu kommen. Und jeder Hefezopf ist viel mehr als nur eine Leckerei zum Essen. Beides malt uns vor Augen, wie nah, vertraut und intensiv wir mit Gott verbunden sein können.

⇨ Backt gemeinsam einen Hefezopf oder esst den einen, der als Gegenstand zur Andacht dazugehört. Und eines solltet ihr nach dieser Andacht auf jeden Fall tun: beten!

HEIZUNGSROHR

Ich habe an euch weitergegeben, was ich selbst als Überlieferung empfangen habe, nämlich als Erstes und Grundlegendes: Christus ist für unsere Sünden gestorben, wie es in den Heiligen Schriften vorausgesagt war.
1. Korinther 15,3

Wenn wir für Jesus brennen, werden auch andere durch uns an seiner Wärme teilhaben.

Gaben, Weitergeben

So ein Ding

Umgangssprachlich nennen wir ein Objekt, das uns im Haushalt Wärme liefert, eine Heizung. Heutzutage sind vor allem Gas-, Öl- und Holzheizsysteme sehr verbreitet. Bereits im 17. und 18. Jahrhundert wurden mithilfe von warmem Wasser Schlösser und Villen beheizt. Gemütliche Wärme im Haus war also das Vorrecht der Adeligen und Reichen. Erst um 1900 wurden Warmwasserheizungen auch im privaten Wohnungsbau zum Standard. Obwohl Technik und Materialien verbessert wurden, ist das Grundprinzip gleichgeblieben. In der Heizanlage wird Wärme erzeugt, Wasser oder Luft erhitzt und dann über ein Leitsystem in alle Räume verteilt. Dazu werden Heizungsrohre gebraucht. Sie bestehen entweder aus Stahl, Kupfer oder Kunststoff und werden je nach Heizungsart im Boden, an oder in der Wand entlang verlegt.

So ein Gott

Besonders an kalten Tagen lernen wir unsere Heizung zu Hause echt schätzen. Und wenn wir ehrlich sind, dann können wir es uns heutzutage gar nicht mehr vorstellen, wie es ist, ohne Heizung zu leben. Zumindest nicht bei uns in Deutschland. Dabei ist es gleich, ob die Heizkörper an der Wand ihre Wärme abgeben oder die Fußbodenheizung es von unten her wohlig warm werden lässt. Besonders bei der Fußbodenheizung bleibt uns aber verborgen, was man in älteren Häusern und Wohnungen noch entdecken kann: die Heizungsrohre an der Wand! Wenn man diese an kalten Wintertagen einmal berührt, können sie richtig heiß sein. Dieser Wärmeverlust durch die Rohre auf dem Weg zum Heizkörper ist für den Energieverbrauch und die Gas- oder Stromrechnung ein bisschen ärgerlich. Aber für uns Christen ist es eine hilfreiche Erinnerung!

Das heiße Wasser im Heizungsrohr hat seine Aufgabe und sein Ziel, im Heizkörper anzukommen und ihn zu erwärmen. Wir als Christen auf dieser Erde haben auch ein Ziel! Unterwegs mit Jesus wollen wir mit Gottes Hilfe versuchen, ihm immer ähnlicher zu werden. Wir wollen Jesus nachfolgen und einmal in alle Ewigkeit bei ihm sein. Auf diesem Weg, im Unterwegssein mit Jesus, ist es in gewisser Weise auch unsere Aufgabe, „heiß zu sein“ und abzugeben! Heiß sein und brennen vor Freude, Liebe, Freiheit und Leichtigkeit, weil wir in Gott ja alles haben, was wir zum Leben brauchen. Auch werden wir von ihm immer wieder neu beschenkt und gefüllt – ähnlich wie das Heizungsrohr immer wieder von heißem Wasser durchflutet wird. Wir können also sorglos von dem abgeben, was wir haben. Das beginnt bei Kleidungsstücken und Spielsachen, die wir nicht mehr gebrauchen können, weil wir zu groß geworden sind. Aber das Abgeben betrifft auch unsere Zeit, unser Geld, unsere Kraft, unsere Ideen, unsere Gaben ... Das Heizungsrohr gibt Wärme ab, ohne Rücksicht auf Verluste. Und genau das sollen wir als Christen auch tun – in allen Bereichen unseres Lebens. Dann werden wir erleben, dass Gott uns immer wieder neu mit dem durchströmt, was wir brauchen. Wir können also heiß sein und (für ihn) brennen.

⇨ Malt eine Schlange/Spirale auf Papier, bemalt und gestaltet sie, wie es euch gefällt und schneidet sie aus. Wenn ihr eure Spirale dann über einen Heizkörper hängt, dreht sie sich aufgrund der warmen aufsteigenden Luft.

HERZLUFTBALLON

Er gibt den Müden Kraft und die Schwachen macht er stark.
Jesaja 40,29

Von Gott bekommst du neue Kraft!

Herz, Kraft

So ein Ding

Ein Luftballon besteht aus elastischem Kunststoff, Gummi oder Folien und kann mithilfe von Luft oder Gas (wie Helium) aufgeblasen werden. Dabei übertrifft ein aufgeblasener Ballon das Vielfache seiner ursprünglichen Größe. Als Mr. Ingram im Jahr 1847 den ersten Luftballon herstellte, wie er bis heute hergestellt wird, hatte er sicherlich noch nicht an Ballons in all den uns bekannten Farben, Formen und Motiven gedacht. Der Vielfalt sind heute keine Grenzen gesetzt, sodass es längst auch Luftballons in Herzform gibt! Diese uns vertraute Herzform hat jedoch rein äußerlich nichts mit unserem Herzen zu tun, auch wenn das Symbol für Liebe, Leben und Kraft natürlich unweigerlich mit dem lebensspendenden Organ verbunden ist. Der Ursprung des Herzsymbols liegt viele Tausend Jahre zurück. Damals waren Efeublätter, die z. B. auch im Winter grün bleiben, ein Symbol für Fruchtbarkeit, Kraft und Unsterblichkeit – einer Liebe, die den Tod besiegen kann. So gelangten Efeublätter als Zierde in viele Geschichten, auf Malereien und Gefäße. Im Mittelalter wurde die Form des Efeublattes von Künstlern übernommen, in Liebesszenen eingefügt und passenderweise rot gefärbt. Nach und nach verschwamm die ursprüngliche Blattform ein wenig und wurde zu unserem vertrauten Herz.

So ein Gott

Ein nicht aufgeblasener Herzluftballon hängt schlaff und wenig ansehnlich in unserer Hand. Ganz ähnlich fühlen sich unsere Herzen auch manchmal an: an Tagen, in Stunden und Momenten, in denen wir traurig sind; wenn wir Streit nicht mehr aushalten; wenn wir auf Fragen keine Antwort wissen; wenn wir uns allein fühlen. Unser Herz scheint matt und traurig, wenn wir Angst vor der Wahrheit oder dem nächsten Tag haben, wenn wir krank sind oder uns schuldig fühlen. Manchmal ist unser Herz so schlaff und unansehnlich, weil wir müde sind, die vielen Aufgaben nicht mehr schaffen, uns verletzt fühlen oder keine Kraft mehr haben, etwas Neues zu wagen. Ganz ähnlich wie ein nicht aufgeblasener Herzluftballon geht es allein nicht mehr weiter.
Aber: So wie ich dieses schlaffe Herz in meiner Hand halte, so sind auch wir – sind unsere Herzen – gehalten. Gottes Hand hält uns fest. Und so wie ich diesen kleinen Herzluftballon mit meinem Atem füllen kann, kann Gott uns und unsere Herzen neu füllen. (Ballonherz aufblasen.) Meine Luft lässt diesen Herzluftballon groß werden, an Kraft gewinnen und neu strahlen. In Gottes Nähe, durch sein Wort, seine Liebe und seine Kraft kann er uns und unsere Herzen groß werden lassen. Er kann uns neue Kraft, neue Hoffnung, neuen Mut oder auch die passenden Ideen schenken. Er kann uns mit dem füllen, was uns fehlt, sodass wir neu und fröhlich strahlen. Und selbst, wenn uns dann wieder einmal die Puste ausgeht (aus dem Herzballon die Luft entweichen lassen), kann und will Gott uns immer wieder neu Kraft geben, uns stärken und uns erfüllen.

⇨ Da der Herzluftballon während der Andacht aufgeblasen werden soll, ist es hilfreich, dies vorher auszuprobieren. Und natürlich bietet es sich an, nach der Andacht mit Luftballons zu spielen! Z. B. können Luftballons in Gruppen oder Zweier-Teams schnellstmöglich gegeneinander aufgeblasen werden.

HIGH HEELS

Ja, du hast ihm Macht und Würde verliehen; es fehlt nicht viel und er wäre wie du.
Psalm 8,6

Gott macht uns zu wahrhaft großen Menschen, egal mit welcher Körpergröße.

Königskind, Schöpfung

So ein Ding

High Heels ist ein eingedeutschter Begriff, der aus dem Englischen stammt und übersetzt „hohe Absätze“ bedeutet. Dabei handelt es sich um Schuhe, die einen Absatz von mindestens 10 Zentimeter Höhe haben. Trotz fehlender Bequemlichkeit und schmerzhafter und falscher Belastung der Füße haben High Heels eine bereits Jahrtausende lange Geschichte. Schon auf ägyptischen Wandmalereien um 3500 v. Chr. sind Absatzschuhe zu erkennen. Plateauschuhe wiederum tauchen in der Geschichte mit gut 40 Zentimeter Absatzhöhe zum ersten Mal um 1400 n. Chr. auf und erlebten im Jahr 1970 in unserer Zeit ein Comeback. Bis heute sind sie begehrt und beliebt. Nicht zuletzt, weil sie die Beine länger und die Körperhaltung aufrechter und anmutiger erscheinen lassen. Den bislang höchsten High Heel kreierte 2011 mit einer Höhe von 22,5 Zentimeter der Schuh-Designer Christian Louboutin.

So ein Gott

Wenn ich mir High Heels so anschaue, dann komme ich einerseits ins Staunen und denke andererseits, dass wir Menschen ziemlich verrückt sind. Ich staune über die Kreativität der Schuh-Designer. Ich staune über die Farbe, die Höhe und die anmutige Schönheit, die manche High Heels ausstrahlen. Ich staune aber auch über die

sehr eigenwilligen Accessoires, mit denen so manche High Heels einzigartig werden. Und ich bewundere Frauen, die auf solchen Schuhen laufen können. Doch wenn ich ehrlich bin, dann befürchte ich, dass wir Menschen ziemlich verrückt sind! Ein Schuh mit solch einem Absatz kann nicht zum Laufen gemacht worden sein. Jede und jeder weiß, dass diese Fußhaltung nichts für uns Menschen ist, dass Zehen und Gelenke miserabel belastet werden und der Effekt in Sachen Körpergröße leicht durchschaubar ist.
Aber was tun wir Menschen nicht alles, um aufzufallen, bewundert zu werden und unsere Schönheit nach außen zu kehren. Größer, besser, stärker, schneller, weiter und schöner wollen wir gern sein! Dafür setzen wir vieles ein und manchmal sogar unsere Gesundheit aufs Spiel. Dabei haben wir das gar nicht nötig! Denn die Bibel verrät uns in einem Psalm, dass Gott uns Menschen wenig niedriger gemacht hat als sich selbst. Er, der König dieser Welt, hat jede und jeden einzelnen von uns geschaffen. Und das nur wenig niedriger als sich selbst. Das bedeutet: Wenn wir Gott und seinem Wort glauben, dann sind wir Prinzessinnen und Prinzen. Und das ganz ohne High Heels! Gott, der König hat uns gemacht und uns längst mit Ehre und Herrlichkeit gekrönt. Er hat uns Anteil an seiner Großartigkeit gegeben. Wenn wir ihm glauben und uns ihm anvertrauen, dann brauchen wir um kein Ansehen, keinen Ruhm und keinen Status mehr ringen. Denn wir sind längst Königskinder!

⇨ Toll, wenn die Kinder eine Krone mit nach Hause nehmen können. Vielleicht gebastelt, gemalt, gestaltet, ausgeschnitten, ausgesägt oder auf einen Button gedruckt.

HUPE

Was für eine Freude! Über die Berge kommt der Siegesbote herbeigeeilt! Er bringt gute Nachricht, er verkündet Frieden und Rettung, er sagt zur Zionsstadt: „Dein Gott ist König der ganzen Welt!“
Jesaja 52,7

Wir können andere auf Gott aufmerksam machen.

Evangelium, Weitergeben

So ein Ding

Eine Hupe erzeugt durch elektrische Energie oder Druckluft ein Schallzeichen. Schon immer wurde sie als akustisches Signal bzw. Warnzeichen im Straßenverkehr verwendet. Allerdings gibt es dabei sehr konkrete Vorschriften im Blick auf Klang und Ton. So dürfen in Deutschland nur bei Sondersignalen wie z. B. bei der Feuerwehr und der Polizei eine Folge von Klängen zu hören sein. An Mofas und Fahrrädern dürfen dagegen nur helltönende Hupen angebracht werden. Während es heutzutage in Farbe, Form und Klang eine riesengroße Vielfalt an Hupen gibt, die außerdem längst nicht mehr nur im Straßenverkehr gebraucht werden, gilt als Erfinder der elektrischen Autohupe der Engländer Oliver Lucas. Sein elektrisches Huphorn soll angeblich schon 1910 zum Einsatz gekommen sein. Nachweislich wurde die elektrische Hupe jedoch erst einige Jahre später als Autozubehör hergestellt.

So ein Gott

Egal, ob die Klingel oder Hupe am Fahrrad oder im Auto: Mit diesem kleinen akustischen Signal haben wir die Chance, andere Menschen aufmerksam zu machen. Wir können vor Gefahren warnen, auf Besonderheiten in der Umgebung hinweisen, Wachsamkeit wecken, unserem Ärger Luft machen, Grüße verteilen oder einfach nur ankündigen, dass wir nun angerollt kommen. Nicht alles ist rechtlich tatsächlich erlaubt – besonders nicht in Bezug auf den Gebrauch der Autohupe. Diese akustischen Signale haben eine große Wirkung auf alle, die sie hören. Ganz besonders, wenn es um das Martinshorn von Rettungskräften geht.

Eine Hupe sollte demnach nicht unterschätzt werden. Genau wie wir! Denn auch wir können eine ganz besondere Hupe sein. Ja, wir sind ein Signalhorn Gottes. Denn wenn wir von Jesus begeistert sind, ihn liebhaben, unser Leben mit ihm leben, Gott als König ehren und feiern, wenn wir mit Jesus befreundet sind, dann dürfen wir auch mutig und voll Freude seine Hupe sein. Denn wir können mit unseren Worten und Taten andere Menschen aufmerksam machen. Und zwar nicht nur auf das, was uns selbst betrifft – wie gute Noten, neue Schuhe oder der Wunschzettel zu Weihnachten. Wir können auch auf Gott aufmerksam machen!

Aufmerksam machen auf seine Macht, seine Liebe, seine Wunder und auf das, was wir schon mit Gott erlebt haben. Vielleicht können wir sogar davor warnen, wie schwer und dunkel das Leben ohne unseren Gott sein kann. Doch vor allem können wir immer wieder voll Freude auf den König der Welt und seine guten Ideen für unser Leben hinweisen.

Jedes Mal, wenn wir von nun an eine Hupe hören, dürfen wir gewiss sein: Wir sind von Gott beauftragt und berufen, auf unsere ganz eigene Weise eine „Hupe Gottes“ zu sein.

⇨ Wie wäre es mit einem Hupkonzert aus Auto- und Fahrradhupen? Oder ihr gestaltet mit Nagellack Fahrradklingeln individuell und bunt.

HÜPFRÖHREN

Die Botschaft, dass für alle Menschen am Kreuz die Rettung vollbracht ist, muss denen, die verloren gehen, als barer Unsinn erscheinen. Wir aber, die gerettet werden, erfahren darin Gottes Kraft.
1. Korinther 1,18

Das Kreuz ist der springende Punkt unseres Glaubens.

Kreuz, Leben, Tod

So ein Ding

Während dieses Buch geschrieben wird, sind Hüpfröhren auf dem deutschen Spielemarkt noch so neu, dass es keine offizielle Beschreibung dafür gibt. Die kleinen bunten Röhrchen, auch jumping tubes genannt, sind etwa 18 Zentimeter lang und bestehen aus einem Nylongeflecht. Die Einfachheit ist zugleich das Besondere! Denn in dem auf den ersten Blick zu dick und löchrig geratenen Strohhalm steckt eine große Sprungkraft. Ganz ohne Anleitung entdeckt jede und jeder schnell selbst, wie durch ein geschicktes Zusammendrücken, Rollen, Umstülpen oder Springenlassen große Freude und Staunen entsteht – in allen Altersgruppen.

So ein Gott

Wenn man solch eine Hüpfröhre zum ersten Mal in der Hand hält und den Namen nicht kennt, kann man leicht ins Grübeln kommen. Denn auf den ersten Blick ist nicht klar, was sich hinter dem Geflecht der feinen festen Fäden verbirgt. Es dauert nicht lange und unsere Finger beginnen zu spielen. Die Neugier wird größer und wir entdecken immer mehr von dem, was möglich ist – bis hin zum springenden Punkt. Es ist der entscheidende Moment, wenn die kleine Hüpfröhre einfach davonspringt.

Genauso ist es auch mit Gott. Irgendwann hören wir alle zum ersten Mal von ihm. Wir begegnen Jesus in einer Geschichte, in einem Lied oder in der Bibel. Und, soviel ist sicher, auf den ersten Blick kann kein Mensch entdecken und begreifen, was alles in Gott steckt – was der Glaube an ihn bedeutet. Ganz ähnlich wie bei einer Hüpfröhre lohnt es sich aber dran zu bleiben, mit Gott zu reden, von ihm zu hören und von ihm zu lesen. So lernen wir ihn immer besser kennen. Und wir entdecken mehr und mehr, wie großartig, mächtig, gütig und liebevoll er ist.
Auf diese Weise nähern wir uns dem alles entscheidenden Moment! Denn neben all den tollen Geschichten, den schönen Liedern oder der coolen Gemeinschaft von Christen geht es im Glauben an Gott um viel mehr! Es geht um unser Leben und Sterben. Es geht um den Moment, in dem Gottes Sohn aus Liebe zu uns Menschen stirbt. Es geht um den Ort, an dem Jesus sein Leben gibt, damit wir in Ewigkeit leben können. Nur wenn wir glauben können, was am Kreuz von Golgatha geschehen ist, werden wir Gottes Liebe und Fülle in unserem Leben und Sterben erleben. Das ist der springende Punkt, der entscheidende Moment unseres Glaubens!

⇨ Klasse, wenn nach der Andacht genügend Hüpfröhren für alle da sind und munter damit gespielt werden kann (im Internet zu erwerben). Vielleicht kann ja jede/jeder, bevor ihre/seine Hüpfröhre springt, von einem Moment erzählen, an dem Gott sie/ihn begeistert oder im Glauben gestärkt hat. Natürlich sollten die Mitarbeitenden den Anfang machen.

KARTOFFELSALAT

Ein Körper besteht nicht aus einem einzigen Teil, sondern aus vielen Teilen. Nun aber hat Gott im Körper viele Teile geschaffen und hat jedem Teil seinen Platz zugewiesen, so wie er es gewollt hat.
1. Korinther 12,14.18

Gott hat uns Menschen unterschiedlich geschaffen, damit wir einander ergänzen.

Gaben, Gemeinde, Vielfalt

So ein Ding

Wie es der Name schon sagt: Die Basis eines jeden Kartoffelsalates sind gekochte Kartoffeln. Alle weiteren Zutaten werden nicht nur nach Geschmack, sondern vor allem regional bedingt vollkommen unterschiedlich hinzugefügt. Dabei reicht die Palette der möglichen Zutaten von Mayonnaise über Joghurt, Fleischbrühe, Essig, Öl, Salz, Pfeffer, frischen Kräutern, Senf, Zwiebeln, Speck, Gurken, Wurst, Schnittlauch, Äpfeln, Ei, Radieschen bis hin zu Matjes. Ganz egal, wie ein Kartoffelsalat auch zubereitet wurde, bei mehr als einem Drittel aller Deutschen wird er traditionell zumindest an Heilig Abend gegessen.

So ein Gott

Da man sich über Geschmack hervorragend streiten kann, kann man es auch über Kartoffelsalat. Je nachdem, was wir von zu Hause aus gewohnt sind und welche Zutaten wir gern mögen, schmeckt er uns – oder eben nicht. Allerdings lohnt es sich nicht, über Kartoffelsalat zu streiten. Vielmehr sollten wir über ihn staunen! Denn so ein Kartoffelsalat zeigt uns sehr deutlich, dass es auf die richtige Mischung ankommt. Nur Kartoffeln? Das wäre zu fade. Nur Mayonnaise? Das wäre zu fett. Nur Gurken? Das wäre zu sauer. Nur

Joghurt? Da fehlte der Geschmack. Es kommt also auf die gute Mischung an. Und zwar nicht nur beim Salat, sondern auch bei uns Menschen – auf der großen weiten Welt und auch in unseren Gemeinden.

Wir Menschen brauchen für ein gutes Mit- und Füreinander die Unterschiedlichkeit, in der Gott uns geschaffen hat. Denn nur in der Vielfalt können wir voneinander lernen, einander ergänzen, gemeinsam etwas bewegen und entdecken, wie groß und bunt diese Welt ist. Dabei sind Mädchenabende was Tolles, ein Fußballspiel unter Fans echt bewegend und ein durchzocktes Wochenende mit Gleichgesinnten eine Freude. Aber wie wäre es wohl, wenn es da nur noch die Denker, Technikfreaks, die Kreativen, die Lauten, die Aktiven oder die Träumer gäbe? Ich bin mir sicher: In unserer Welt und in unseren Gemeinden wäre das Leben längst nicht so abwechslungsreich, bunt und abenteuerlich! Wie bei einem Kartoffelsalat mit nur einer Zutat fehlt der Geschmack und es wird schnell fade. Deshalb hat Gott uns so kreativ und vielfältig erschaffen! Denn niemand von uns Menschen kann alles. Deshalb würde vieles nicht mehr funktionieren, wenn es immer nur die einen gäbe. Wir brauchen die gute Mischung von Menschen und Gaben auf dieser Welt. Denn nur gemeinsam können wir uns stärken, unterstützen, ausgleichen, ermutigen und das Beste für uns, diese Welt und Gott zum Vorschein bringen.

⇨ Überlegt gemeinsam, während ihr einen Kartoffelsalat zubereitet und esst, welche Gaben ihr habt und wie ihr euch damit ergänzen könnt. Parallel dazu können aus Kartoffeln Stempel geschnitten werden, die Symbole für eure Gaben abbilden. Damit lassen sich Karten, Poster oder im nächsten Gottesdienst ein ganz besonderes „Gemeindebild“ stempeln.

KENNZEICHEN

An ihren Taten also könnt ihr die falschen Propheten erkennen.
Matthäus 7,20

Durch uns sollen andere Menschen Gott erkennen.

Eigenschaften Gottes, Evangelium

So ein Ding

Die korrekte Bezeichnung für unsere Auto-Kennzeichen ist eine alphanumerische Registrierungsbezeichnung für Kraftfahrzeuge. Seit dem 1. Oktober 1906 müssen Autos in Deutschland ein solches Nummernschild besitzen, das der Identifizierung des Halters dient und sich aus drei Teilen zusammensetzt. Die ersten drei Buchstaben zeigen an, aus welcher Stadt der Fahrzeughalter kommt oder von welcher besonderen Behörde es genutzt wird. Dann folgen zwei Prüfplaketten und weitere Buchstaben bzw. Zahlen. Diese sind die tatsächliche Erkennungsnummer und führen direkt zum Fahrzeughalter. Spannend an der Geschichte der Kennzeichen ist, dass sie in Deutschland zunächst für Radfahrer eingeführt wurden! Da es immer wieder zu Unfällen zwischen ihnen und Fußgängern kam, wollten die Behörden im 19. Jahrhundert mithilfe der Kennzeichen die Verkehrsrowdys schneller fassen können.

So ein Gott

Anhand der Kennzeichen sind nicht nur in Deutschland die Besitzer bzw. Halter von Fahrzeugen schnell zu ermitteln. Besonders wenn Erwachsene zu schnell fahren und geblitzt werden, können sie so den Konsequenzen nicht entgehen. Denn jedes Kennzeichen weist eindeutig auf den hin, zu dem es gehört. Aber es gibt noch andere Markierungen, die in unserer Welt eindeutig verraten, wem etwas

gehört. So stehen in manchen Jacken oder Gummistiefeln, auf dem Sportbeutel oder im Mathebuch der jeweilige Name der Besitzerin oder des Besitzers.
Bei uns Christen ist das nicht anders. Auch wir gehören jemandem! Wir gehören Gott – und wir gehören zu unserem Gott. Deshalb wissen wir Christen aus erster Hand, dass diese Welt und unser Leben noch viel mehr zu bieten hat als Geld, Macht, Gesundheit, coole Sprüche oder starke Freunde. Durch Gott wissen, erleben und spüren wir jeden Tag, wie wertvoll und lebenswichtig ganz andere Dinge sind! Eigenschaften wie Ehrlichkeit, echte Freundschaft, Liebe, Geduld, Vergebung, Hoffnung, Vertrauen und ein richtig tiefer, echter Friede sind ein paar Beispiele dafür. All das sind Merkmale, die unser Leben von Gott her füllen und prägen.
Kennzeichen, an denen aber nicht nur wir Gott in unserem Leben spüren sollen – sondern an denen andere Menschen Gott durch uns entdecken sollen! Denn darum geht es bei Kennzeichen: Andere sollen erkennen, zu wem man gehört. Die Menschen um uns herum sollen durch unser Verhalten, unser Reden und Tun erkennen, wie großartig unser Gott ist! Und das kann funktionieren, indem wir Gott ernst nehmen und unsere Beziehung mit ihm leben. Denn je mehr wir mit Gott zusammen sind, mit ihm reden und auf ihn (die Bibel) hören, desto stärker werden seine Merkmale, seine Kennzeichen durch uns sichtbar werden.

⇨ Nehmt euch die Zeit einander zu sagen, welche Eigenschaft Gottes ihr in den anderen entdeckt. Überlegt auch, welche Aussage über Gott oder welchen Bibelvers ihr gern sichtbar für alle in die Welt tragen wollt. Gestaltet dazu z. B. ein T-Shirt oder Buttons, um sie an eure Jacken und Mützen zu pinnen, oder Karten zum Verschenken im Lettering-Style.

KNETE

Jesus antwortete ihm: „Wer mich liebt, wird sich nach meinem Wort richten."
Johannes 14,23a

Lass dich von Gottes Wort prägen und formen.

Bibel, Nachfolge

So ein Ding

Knete wird zum Spielen, Modellieren und auch als therapeutisches Mittel eingesetzt. Dabei handelt es sich normalerweise um eine leicht verformbare Masse, die für unsere Haut unschädlich, aber nicht zum Verzehr geeignet ist. Neben den ganz alltäglichen Grundstoffen wie Wasser, Öl, Salz und Stärke (z. B. in Mehl oder Kartoffeln) besteht Knete häufig auch aus Wachsanteilen, um nicht zu verhärten und bei Erwärmung noch besser formbar zu sein. Neben der therapeutischen Verwendung, um Sprach- oder Motorikstörungen bei Kindern zu verbessern oder auch nach Handoperationen bei Erwachsenen zu helfen, dient Knete vor allem dem pädagogisch wertvollen und kreativen Spielen. Die kräftigen Farben, das Tasten, Formen, Zerteilen und Gestalten fördert Kinder spielerisch auf vielfältige Weise.

So ein Gott

Mit Knete in der Hand werden wir zu kreativen und fantasievollen Schöpfern. Wir rollen, formen, zerteilen, stopfen und prägen die Masse so lange in unseren Händen, bis zumindest in unseren Augen das beste Ergebnis zu sehen ist. Auch wenn sich unsere Meinung über das soeben erschaffene Kunstwerk schnell ändern kann und wir durch erneutes Rollen, Zerteilen, Kneten und Formen eine

ganz neue Kreatur formen. Genau dafür gibt es die Knete. Sie ist da, um von uns geprägt und geformt zu werden.
Obwohl wir Menschen auf den ersten Blick ganz anders aussehen, werden auch wir geformt und geprägt. Von Geburt an werden wir durch unsere Familie, das soziale Umfeld, die Freunde, die Schule, die Musik, die wir hören, die Nachrichten, die wir lesen, oder die Filme, die wir schauen, geprägt. So vieles strömt auf uns ein und hat Einfluss auf unser Denken, unser Reden, Handeln und unsere Entscheidungen. Das ist spannend und manchmal herausfordernd, weil wir ein Teil dieser Welt sind und es wirklich viel zu sehen, zu hören, zu lesen, zu lernen und auszuprobieren gibt.
Doch bei all dem, was uns formen und prägen will, müssen wir achtsam sein. Denn nicht alles, was sich in unserem Kopf als Meinung oder in unserem Herz als Wahrheit festsetzen will, ist wirklich gut für uns. Deshalb ist es wichtig, jemanden zu kennen, der wirklich weiß, was gut ist. Es ist großartig, mit jemandem unterwegs zu sein, der einen wirklich guten Maßstab für alle Gefühle, Wahrheiten und Entscheidungen parat hat. Dieser jemand ist Gott! In seinem Wort, der Bibel, stecken gute Ideen, die richtigen Maßstäbe und tatsächlich der Durchblick für ein ganzes Leben. Wenn wir Gott vertrauen, dann wird er uns formen und prägen. Wir werden erleben, dass er aus uns das Beste formt und gestaltet.

⇨ Einfache Rezepte, um Knete selbst herzustellen, gibt es im Internet und in Bastelbüchern. Mit Lebensmittel- oder Ostereierfarbe können verschiedene Farben hergestellt und ganze Landschaften, Figurengruppen und auch Situationen geknetet werden. Wenn dies nach der Andacht möglich sein soll, muss die Knete im Voraus hergestellt werden, da sie unbedingt abkühlen muss.

KOFFER

Ja, so ist es: Gott in seiner Macht hat uns alles geschenkt, was wir zu einem Leben in wahrer Frömmigkeit brauchen.
2. Petrus 1,3a

Mit Gottes Wort sind wir lebenslang gut versorgt.

Bibel, Leben, Versorgung

So ein Ding

Die Vorgänger unserer heutigen Koffer waren sogenannte Reisekisten. Obwohl sich Name, Form und Material geändert haben, gibt es wesentliche Gemeinsamkeiten. Sowohl Reisekisten damals als auch Koffer heute bestehen aus einem robusten Material, haben einen verschließbaren Deckel und dienen dem Transport. Mittlerweile haben alle Koffer mindestens einen Griff und meistens auch Rollen. Beim Kauf und der Verwendung spielen vor allem Aussehen, Strapazierfähigkeit und ein niedriges Gewicht die ausschlaggebende Rolle.
Heutzutage gibt es eine Fülle an Koffervarianten. Dazu gehören z. B. Reisekoffer, Piloten-, Akten-, Werkzeug-, Geld-, Arzt- oder auch Motorradkoffer. Darüber hinaus gehört der Koffer zu den Dingen, die in Liedern, Büchern und Filmen immer wieder eine wichtige Rolle spielen.

So ein Gott

Normalerweise haben wir einen Koffer dabei, wenn wir auf Reisen gehen. Griffbereit finden wir darin frische Kleidung, die Zahnbürste, ein Handtuch, Schuhe, Jacke, unser Kuscheltier oder das Buch, das uns gerade begeistert. Oftmals packen wir sogar so viel in den Koffer, dass wir noch saubere Wäsche wieder mit nach Hause bringen.

Unser Leben auf dieser Erde ist wie eine Reise, auf die wir Menschen von Gott gesandt werden. Wir gehören zu ihm und werden einmal wieder bei ihm zu Hause sein. Für die Zwischenzeit, unsere Reise auf dieser Welt, hat Gott uns allen einen ganz bestimmten Koffer gepackt. Wie ein liebevoller guter Vater hat er uns alles mit auf den Weg gegeben, was wir brauchen können. Dieser kleine, unscheinbare Koffer, den Gott uns mitgibt, ist die Bibel. Wenn wir in ihr lesen, entdecken wir, dass wunderschöne, leichte Sonnentage und stürmische dunkle Regentage zu unserer Reise auf dieser Welt dazugehören. Aber wir entdecken auch, dass Gott unseren Weg kennt und bereits gut vorgeplant hat. Das bedeutet: Es gibt einfach nichts, von dem Gott nicht schon weiß. Vielmehr finden wir in der Bibel alles, was wir brauchen, um unser Leben mit Gott zu meistern! Wir entdecken großartige Versprechen Gottes, finden Kraft, Mut, Freude und die unerschütterliche Liebe unseres Vaters im Himmel. Gottes Wort rüstet uns mit all dem aus, was wir brauchen! Dazu müssen wir als Kinder Gottes allerdings in der Bibel lesen – in den Koffer schauen, den Gott für uns gepackt hat.

⇨ Das Spiel „Ich packe meinen Koffer“ spielen und dabei z. B. biblische Personen, Tiere der Bibel, Geschichten der Bibel usw. einpacken.

LEBKUCHENHERZ

Auch wenn alles einmal aufhört – Glaube, Hoffnung und Liebe nicht. Diese drei werden immer bleiben; doch am höchsten steht die Liebe.
1. Korinther 13,13

Gottes Liebe hält ewig.

Gottes Liebe, Kreuz

So ein Ding

Die Geschichte des Lebkuchens beginnt schon vor Tausenden von Jahren, als bei den alten Ägyptern gewürzter Honigkuchen verspeist wurde. Und auch bei den Römern war der Honigkuchen ein fester Bestandteil des Speiseplans – besonders zu den Fastenzeiten rund um Ostern und Weihnachten. Unser heutiger Lebkuchen hat seine Wurzeln jedoch in Belgien und verbreitete sich im 13. Jahrhundert über Klöster deutschlandweit. Süß und z. B. mit Anis, Ingwer, Koriander, Muskat, Nelken und Zimt kräftig gewürzt kennen wir Lebkuchen in ganz verschiedenen Formen. Obwohl wir ihn zumeist nur rund um Weihnachten kaufen und genießen können, zählt er bei Bäckern zu den Dauerbackwaren. Das bislang größte Lebkuchenherz wurde 2010 für das Münchner Oktoberfest hergestellt. Es war gut 600 Kilogramm schwer und 6 Meter groß.

So ein Gott

Ein Lebkuchenherz mit einem witzigen Spruch, einem kleinen Gruß oder einer Liebeserklärung ist ein tolles Geschenk für Menschen, die wir gernhaben. Besonders auf Jahrmärkten oder zur Weihnachtszeit werden sie voll Freude gekauft und verschenkt. Manch ein Lebkuchenherz wird dann nur kurz bestaunt, um, noch lecker frisch geba-

cken, direkt verspeist zu werden. Immerhin werden Lebkuchen ja genau dafür gebacken! Doch manch geschenktes Lebkuchenherz wird auch als Erinnerung in die Schatzkiste unters Bett gelegt oder als Dekoration an die Wand gehängt. Auf diese Weise verblassen jedoch früher oder später die Farben, der Zuckerguss beginnt zu bröseln, die Liebeserklärung verstaubt und der Lebkuchen selbst wird ungenießbar. Damit ist klar: Jedes Lebkuchenherz verliert irgendwann seine Kraft und Ausstrahlung. Das kleine Zeichen der Liebe endet im Bauch oder im Mülleimer.
Ganz anders ist es mit Gottes Liebe! Sie hält für immer und ewig. Denn als unauslöschbares Zeichen dieser Liebe hat Gott seinen Sohn auf die Erde gesandt. Das Kreuz von Golgatha und das leere Grab der Auferstehung sind zwei dieser Zeichen. Auch wenn wir sie heute nicht mehr sehen können, können wir die Kraft seiner Liebe in unserem Leben spüren und immer wieder neue Zeichen der Liebe Gottes entdecken. Für mich gehören dazu echte Freunde, erhörte Gebete, Hilfe und Kraft, wenn ich selbst nicht mehr weiterweiß, Vertrauen, Hoffnung und manchmal einfach ein Sonnenstrahl, der mich wärmt. Gottes Zeichen der Liebe halten, anders als bei einem Lebkuchenherz, jedem Heißhunger und jeder verstaubten Ecke des Lebens stand. Denn seine Liebe war, ist und bleibt!

⇨ Backt viele kleine Lebkuchenherzen zum Verschenken und verziert sie mit Gottes Zeichen der Liebe: dem Kreuz.

MEER

... damit ihr mit allen Heiligen begreifen könnt, welches die Breite und die Länge und die Höhe und die Tiefe ist.
Epheser 3,18 (Lu)

Gottes Wesen ist unbegreiflich!

Bibel, Eigenschaften Gottes, Leben

So ein Ding

Als Meer oder Ozean bezeichnet man die miteinander verbundenen Wassermassen, die etwa 2/3 der Erdoberfläche ausmachen. Die größten davon sind der Pazifische, Indische und Atlantische Ozean, die durch die Kontinente voneinander getrennt werden. Meere faszinieren nicht nur durch ihre Größe, Tiefe und der Vielfalt an Lebewesen, sondern sie sind auch Nahrungsgrundlage für Mensch und Tier und produzieren mehr als 2/3 allen Sauerstoffs der Erdatmosphäre. Das Meer und seine Bewohner haben viele Superlative zu bieten. Einer davon ist der Marianengraben, der mit etwa 11.000 Metern die tiefste uns bekannte Stelle im Meer ist. Eine weitere Superlative ist das Tote Meer, das mit etwa 28% den weltweit größten Salzgehalt hat, oder aber die Nordsee, an deren Küste sich zweimal am Tag Ebbe und Flut abwechseln.

So ein Gott

Ich liebe es, am Meer zu sein, auf das Wasser zu schauen und über dessen Macht und Größe zu staunen! Denn schon beim ersten Blick habe ich das Gefühl, das Meer sei endlos. Wasser und Himmel vereinen sich am Horizont – Anfang und Ende sind nicht erkennbar. Ganz zu schweigen davon, dass ich am Strand im flachen Wasser stehen kann, während es andere Meeresstellen gibt, die so tief sind,

dass wir Menschen dort noch nie den Meeresboden gesehen haben – noch nicht einmal mit Hilfe von U-Booten oder Robotern.
Das Meer ist lebendig! Lebewesen in allen Größen und Formen tummeln sich in ihm. Von der Wasseroberfläche bis hinab in die tiefsten Tiefen ist das Meer ein Raum des Lebens. Ja, Wasser schenkt Leben und macht Leben erst möglich. Doch zugleich kann das Meerwasser auch so gewaltig sein, dass Leben unmöglich wird. Sturmfluten, ein Strudel, Sog oder auch nur Ebbe und Flut zeigen die Macht des Meeres. Ich liebe es, auf das Meer zu schauen und zu staunen. Denn trotz aller Technik, Forschung und dem Wissen vieler Jahrhunderte hält das Meer noch einige Geheimnisse vor uns Menschen verborgen.
Ganz ähnlich geht es mir, wenn ich Gott anschaue – an ihn denke. Ich spüre und erlebe, dass er da ist, aber dennoch sind mir sein Anfang und sein Ende verborgen. Viel größer und mächtiger als jedes Meer hat Gott die Macht über den Tod und das Leben. Ja, erst durch ihn als Schöpfer ist Leben möglich. Auch gibt es so viele Eigenschaften, Wahrheiten und Facetten Gottes, die ich bislang nicht ganz verstehen kann oder noch nicht entdeckt habe. Wir Menschen, Forscher und Entdecker, bleiben dran, das Meer immer besser zu verstehen und zu ergründen. Doch viel mehr lohnt es sich, Gott immer besser kennenzulernen und sein Wesen mehr und mehr zu entdecken! Gott sehnt sich danach und lädt uns ein, dass wir sein Wort immer tiefer ergründen, um so in seiner Gegenwart immer wieder neu zu staunen!

⇨ Das Lied „Meer“ von Anja S. Lehmann („Oceans“, Hillsong United) kann gesungen oder ein Ausdruckstanz dazu entwickelt werden.

MENSCH ÄRGERE DICH NICHT

Deine Güte und Liebe umgeben mich an jedem neuen Tag; in deinem Haus darf ich nun bleiben mein Leben lang.
Psalm 23,6

Am Ende unseres Lebens werden wir bei Gott zu Hause sein.

Ewigkeit, Himmel

So ein Ding

„Mensch ärgere dich nicht" ist eines der bekanntesten Gesellschaftsspiele und gehört in Deutschland zu den Klassikern unter den Brettspielen. Gespielt wird es mit zwei bis sechs Personen und mittlerweile, neben den offiziellen Regeln, auch in zahlreichen Varianten. Zudem gibt es längst Figuren und Spielbretter aus unterschiedlichsten Materialien und in den verrücktesten Nachbildungen (wie Hello Kitty oder Star Wars). Josef Friedrich Schmidt, der Gründer der „Schmidt Spiele", erfand es bereits 1907/1908. Bekannt wurde das Brettspiel jedoch erst im Ersten Weltkrieg, als Josef Friedrich Schmidt Tausende Exemplare an Lazarette verschenkte, damit sich die verletzten Soldaten nicht langweilten. Seit 2007 gibt es eine Deutsche „Mensch ärgere dich nicht"-Meisterschaft bzw. seit 2010 sogar eine offizielle Weltmeisterschaft des Spiels. Auch knackten wir Deutschen den „Mensch ärgere dich nicht"-Weltrekord, als 2017 genau 1.692 Personen gemeinsam in Amberg dieses Brettspiel spielten.

So ein Gott

Das Spiel beginnt. Es wird reihum gewürfelt und wer zuerst sein Haus verlassen kann, fühlt einen kleinen Vorteil. Doch es dauert nicht lange, bis alle Spieler mit mindestens einer Figur auf dem

Weg sind. Das Ziel ist, im sicheren Zuhause anzukommen. Der Weg dorthin ist klar, dennoch kann es unterwegs spannend werden. Denn manch ein Mitspieler setzt seine Figuren taktisch geschickt, hat das Glück scheinbar auf seiner Seite und nahezu jede und jeder muss früher oder später mit einer Figur wieder von vorn beginnen. Der Spielverlauf ist von Entscheidungen geprägt. Manch einer versucht zu mogeln und dabei gibt es immer mal wieder mächtig Ärger. Dennoch ist es klar und gut zu wissen, wo das Ziel ist.
Und das ist nicht nur bei diesem Spiel so, sondern auch in unserem Leben. Wir alle starten von einem Zuhause aus ins Leben hinein. Doch die spannende Frage ist: Wo wollen und wo werden wir später einmal zu Hause sein? Nicht im Spiel des Lebens, sondern wenn wir am Ende angekommen sind. Genau wie bei „Mensch ärgere dich nicht" kann unser Ziel ein neues und sicheres Zuhause sein. Ein Ort, an dem uns niemand mehr etwas anhaben kann. Alles Jagen, Entscheiden, Streiten, Kämpfen, Sorgen oder Mogeln hat dort ein Ende. Wir sind sicher und haben unseren festen Platz. Niemand kann uns mehr von dort wegreißen. Niemand kann uns dieses Zuhause streitig machen. Denn dieses großartige neue Zuhause, das auf uns wartet, ist bei Gott! Bei ihm sind wir am sicheren Ziel angekommen. Jede und jeder von uns ist eingeladen und wird erwartet. Für alle ist ein Platz in Gottes Zuhause reserviert. Die Frage ist nur, ob wir gemeinsam mit Jesus auf dem Weg dorthin sind oder ob dieses himmlische Zuhause für uns kein gutes Ziel zu sein scheint.

⇨ Spielt ein „Mensch ärgere dich nicht"-Turnier! Dazu werden mehrere der Brettspiele gebraucht, um gleichzeitig mit allen zu spielen. Das Spiel beginnt. Nach ein paar Minuten ertönt ein Klingeln und je zwei Spieler gehen mit dem und zwei Spieler gehen gegen den Uhrzeigersinn an den nächsten Tisch. Dort spielen sie das begonnene Spiel einfach weiter. Der Sieger kann auf zwei Wegen ermittelt werden: Entweder wird vor jedem Tischwechsel entschieden, welcher Spieler bislang am besten gespielt hat und ein Siegespunkt notiert. Oder aber es gewinnt tatsächlich der, der irgendwann mit allen Figuren das Ziel erreicht hat – an welchem Spieltisch auch immer das passiert.

MILCH

Denn im Zorn tut niemand, was vor Gott recht ist.
Jakobus 1,20

Wut darf uns nicht beherrschen.

Wut, Zorn

So ein Ding

In Deutschland ist mit der Bezeichnung „Milch“ normalerweise allein die Kuhmilch gemeint. Alle anderen tierischen oder pflanzlichen Milchsorten müssen durch eine zusätzliche Angabe spezifiziert werden (wie z. B. Sojamilch, Ziegenmilch usw.). Insgesamt gehören Milch und Milchprodukte aber zu den beliebten Lebensmitteln der Deutschen. So lag der Verbrauch von Milchprodukten bei uns in Deutschland im Jahr 2018 bei etwa 118 Kilogramm pro Person! Dabei sollte nicht vergessen werden, dass bei den Kühen die Milchbildung erst einsetzt, wenn die Kälber geboren sind. Während früher eine Kuh dem natürlichen Bedarf des Kalbes nach nur etwa 8 Kilogramm Milch am Tag produzierte, erreichen Milchkühe heutzutage bis zu 20 Kilogramm am Tag. Das bedeutet, dass eine Kuh mittlerweile bis zu 8.000 Liter Milch im Jahr geben kann.

So ein Gott

Wenn man aus Milch einen Pudding kochen oder einen heißen Kakao machen will, dann kann man schnell die Erfahrung machen, dass Milch ein besonderes Lebensmittel ist. Denn wenn sie heiß wird, brodelt sie kaum sichtbar, steigt auf und kocht dann unaufhaltsam über. Das Ergebnis ist oft bitter: Der Herd ist ordentlich verschmutzt, in der Küche stinkt es und die angebrannte Milch ist meist nicht mehr zu gebrauchen.

Leider haben wir eine große Ähnlichkeit mit ihr! Denn auch in uns geht es manchmal heiß her. In uns beginnt es zu brodeln, weil wir uns ärgern, ungerecht behandelt oder verletzt fühlen. Wir fühlen uns zu Unrecht von den Eltern beschuldigt, müssen den Mist anderer in der Klasse ausbaden, wurden von Freunden betrogen, belogen oder bloßgestellt. Wut macht sich breit und in uns fängt es an zu brodeln. Manch eine oder einer verhält sich in solchen Momenten genau wie Milch! Man lässt die Wut steigen, bis man im wahrsten Sinne des Wortes überläuft und mit Fäusten, Füßen oder Worten den anderen verletzt. Das Ergebnis ist oft bitter, dunkel und schmerzhaft wie bei der angebrannten Milch.
Aber wir sind keine Milch! Deshalb müssen wir uns auch nicht so verhalten. Vielmehr können wir lernen, mit unserer Wut umzugehen und ihr auf ungefährliche Weise Luft zu machen. Allerdings schaffen wir das nicht allein! Dazu brauchen wir Gottes Hilfe. Denn Gott kennt uns, diese Welt und alle Gefühle, die zu uns gehören. Er hat sie uns ja gegeben – inklusive Wut. Aber er hat uns gleichzeitig einen Kopf zum Denken und eine Bibel zum Lesen anvertraut. In ihr finden wir auch die Geschichte von Kain und Abel, zwei Brüder, von denen der eine mächtig sauer auf den anderen war. Kain fühlte eine übergroße Ungerechtigkeit, aus der in seinem Herzen Wut wurde. Genau an dieser Stelle schaltete sich Gott ein und mahnte Kain davor, nicht wie geplant mit seiner Wut umzugehen.
Die Wut selbst ist bei Gott also nicht das Problem, sondern unser Umgang damit. Gott mahnt davor, dass die Wut uns beherrscht! Bei Kain und Abel endete das Ganze tödlich. Bei kochender Milch endet es immer mit Dreck und Arbeit. Und bei uns? In der Bibel entdecken wir gute Ideen, wie wir mit Wut und Zorn umgehen können: das Gefühl zugeben, Gott unsere Wut zuschreien, andere um Hilfe und Rat bitten ...

⇨ Findet noch mehr Ideen für einen guten Umgang mit Wut! Darüber hinaus sind Kampfspiele eine geniale Idee, um überschüssige Kraft und Wut auf gutem Wege loszuwerden. Grundsätzliche Infos und Praxisimpulse findet man auch in dem Buch „Macht. Gewalt. Ohne mich! Mit Kindern Konflikte lösen lernen“ von Thomas Kretzschmar, erschienen im Born-Verlag, Kassel 2013.

MÜSLISCHALE

Lass uns jeden Morgen spüren, dass du zu uns hältst, dann sind unsere Tage erfüllt von Jubel und Dank.
Psalm 90,14

Lass dich von Gott füllen mit allem, was du brauchst.

Fülle, Versorgung

So ein Ding

Für eine sogenannte Müslischale gilt, dass sie tiefer als ein Teller und flacher als eine Schüssel sein muss. Abgesehen davon gibt es aber keine weitere Norm in Bezug auf Farbe, Gestaltung oder Material. So wird weltweit Müsli u. a. aus Glas, Porzellan, Holz, Edelstahl oder Keramik gelöffelt. Über Müsli selbst gibt es jedoch auch so einiges Wissenswertes zu sagen. Grundsätzlich handelt es sich um eine Mischung aus Obst bzw. Trockenobst sowie Haferflocken, Samen und anderen Getreideprodukten. Üblicherweise wird es mit Milch, Joghurt oder Fruchtsaft vermengt und zum Frühstück gegessen. Dabei bestehen vor allem fertige Müslimischungen aus besonders vitamin- und mineralstoffangereicherten Bestandteilen. Eine Falle im Blick auf gesunde Ernährung stellt jedoch das Knuspermüsli dar, weil es einen sehr hohen Zuckeranteil enthält. Dennoch aßen 2017 einer Studie zufolge über 4 Millionen Deutsche länger als 14 Jahre mehrmals in der Woche Fertig-Müsli.

So ein Gott

Jeden Morgen neu können wir entscheiden, mit was wir unsere Müslischale füllen. Jeden Morgen neu können wir entscheiden, mit was wir uns für den Tag stärken wollen. Das können Cornflakes oder Haferflocken sein, Obst, Joghurt oder natürlich auch Marsh-

mallows, Schokolade und Erdbeereis. Auch ein paar Chips lassen sich morgens hervorragend in eine Schale kippen, um sie zu knabbern, bevor der Tag beginnt. Allerdings stellt sich da die Frage, ob das gut und sinnvoll für unseren Körper und unser Gehirn ist.
Doch bei einem guten Start in den Tag geht es um viel mehr als nur um das Essen und Trinken. Denn auch unser Herz und unsere Seele wollen für einen neuen Tag gestärkt werden und bereit sein. Deshalb ist es nicht nur wichtig, was morgens in unserer Müslischale landet, sondern es ist von großer Bedeutung, mit was wir unsere Gedanken und unser Herz am Morgen füllen lassen. Für manch eine oder einen ist es ein kurzes Spiel auf dem Handy, die Lieblingsserie beim Frühstück, die Nachrichten aus der Zeitung oder die Musik aus dem Radio. Doch auch hier stellt sich die Frage, ob all das wert- und sinnvoll ist für einen guten Start in den Tag. Denn das, was wir wirklich brauchen, sind keine Marshmallows, keine digitalen Monster und auch keine schlechten Nachrichten! Vielmehr brauchen wir Wachsamkeit, Stärke, Fröhlichkeit, Mut und das, was der neue Tag von uns erwarten und fordern wird.
Deshalb ist es gut, jemanden zu haben, der uns jeden Morgen neu mit all dem füllen und versorgen will, was wir für einen guten Tag brauchen! Es ist Gott, der uns durch ein Gebet daran erinnert, dass er uns den Tag über begleitet. Es ist Gott, der uns durch die Bibel gute Gedanken und Versprechen mit in den neuen Tag hineingibt. Und es ist Gott, der uns auch durch Lebensmittel gut versorgen kann! Jeden Morgen neu können wir uns also nicht nur für ein gesundes Frühstück entscheiden, mit dem wir uns füllen, sondern auch darüber entscheiden, mit was wir unser Herz und unsere Seele für den Tag füllen lassen! Für wen oder was entscheidest du dich?

⇨ Gestaltet eigene Müslischalen mit Porzellanstiften oder sogar aus Ton.

NOTAUSGANG

Ich bin die Tür für die Schafe. Wer durch mich hineingeht, wird gerettet. Er wird ein- und ausgehen und Weideland finden.
Johannes 10,9

Jesus ist der einzige Weg zu Gott.

Ewigkeit, Glaube, Leben

So ein Ding

Öffentliche Gebäude, Fahrzeuge oder Flugzeuge müssen über einen sogenannten Notausgang verfügen. Damit ist eine speziell gekennzeichnete Tür bzw. Ausgangsmöglichkeit gemeint, die in Notfallsituationen als Fluchtweg dienen soll. Diese besondere Kennzeichnung erfolgt durch ein Piktogramm (Schild), das oft auch in Zusammenhang mit einer Notbeleuchtung angebracht wird. Notausgänge müssen jederzeit erreichbar sein und dürfen auch in Zügen oder Flugzeugen nicht mit Gegenständen verstellt werden. Natürlich müssen stets so viele Notausgänge vorhanden sein, dass alle anwesenden Personen möglichst schnell und unbeschadet ins Freie flüchten können – besonders in Paniksituationen.

So ein Gott

Im Normalfall spielen Fluchtwege und Notausgänge für uns keine große Rolle. Manch eine oder einer nimmt vielleicht das leuchtende Hinweisschild im dunklen Kino wahr oder schaut im Urlaubshotel mal den Fluchtplan an, der in jedem Zimmer zu finden ist. Besonders vor dem Start im Flugzeug wird uns jedoch bewusst vor Augen geführt, dass Notausgänge vorhanden sind und Leben retten können. Deshalb darf auch kein öffentliches Gebäude ohne Notausgang seine Türen öffnen. Denn wenn Not ausbricht und das Chaos tobt, schaffen es die meisten Menschen nicht mehr, klar zu denken. Wenn es brennt, Sirenen ertönen oder eine Evakuierung ausgerufen wird, dann versagt unser Verstand und wir sind dankbar für die leuchtenden Notausgänge, die uns in Sicherheit bringen.

Doch neben den Gefahren und der Not in dieser Welt gibt es noch ein ganz anderes Chaos, in das wir hineinrutschen können. Es ist die Herausforderung, auf wen oder was wir in unserem Leben vertrauen können. An wen oder was sollen wir glauben? So viele Menschen erzählen uns von ganz verschiedenen Möglichkeiten und Wahrheiten. Da gibt es die Buddha-Statuen, winkende Katzen, bunte Steine oder alte Knochen, denen wir unsere Wünsche und Träume anvertrauen sollen. Auch glauben viele Menschen daran, dass allein die Familie, das Geld oder die eigene Kraft uns einmal alle Türen öffnen und ein gutes Leben ermöglichen wird. Aber hinter all dem stecken letztlich nur Menschen, edle Figuren oder Geschichten von strafenden und unzufriedenen Gottheiten.

All das kann also nicht der Weg in eine wirkliche, erfahrbare und ewige Sicherheit sein. Denn ein echter Notausgang kann mehr als unser menschlicher Verstand! Deshalb kann es nur den einen geben. Den einen Gott, der aus Liebe zu uns Mensch wurde. Den einen lebendigen Gott, der von sich sagt, dass er das Licht, die Tür, der Weg und das Ziel ist. Es ist Jesus Christus, der uns verspricht, jedes Chaos zu überwinden und uns den Weg in sein himmlisches und ewiges Reich zu zeigen.

Dabei dürfen wir nicht vergessen, dass es bei Gott nicht nur um das Ziel, die Ewigkeit, geht. Vielmehr will er uns schon in dieser Welt als Licht, Tür und Weg ein treuer und starker Begleiter sein. In keiner Not, Gefahr, Angst oder Panik will er uns allein lassen. Deshalb werden wir im Vertrauen auf ihn auch im größten Chaos eine (noch größere) Sicherheit erleben.

⇨ Gestaltet „Notausgangsschilder“ für euren (Gemeinde-)Raum oder euer eigenes Zimmer, die auf Gott hinweisen.

OBERLEITUNG

„Ich blicke hinauf zu den Bergen: Woher wird mir Hilfe kommen?“ „Meine Hilfe kommt vom Herrn, der Himmel und Erde gemacht hat.“ Psalm 121,1-2

Wir haben eine dauerhafte Verbindung zu Gott.

Gebet, Nähe Gottes

So ein Ding

Nachdem 1881 in Paris zum ersten Mal eine „Überkopf-Fahrstromversorgung“ für elektrisch betriebene Straßenbahnen vorgestellt wurde, begann der Siegeszug der Oberleitungen. Auf diese Weise können mittlerweile ein paar Fähren, spezielle Busse sowie Eisen-, Straßen- oder Gebirgsbahnen dauerhaft mit Strom versorgt und somit elektrisch angetrieben werden. Der Spezialdraht der Oberleitung, ein Stromabnehmer auf dem Dach des jeweiligen Fahrzeugs und die Schienen als Rückleiter bilden den dafür nötigen Stromkreislauf. Dabei besteht, wie bei allen nicht isolierten Stromleitungen, eine sehr große Stromschlaggefahr! Das Stromnetz der Deutschen Bahn ist übrigens knapp 8.000 Kilometer lang. Das bedeutet: Wenn alle Oberleitungen der Bahn aneinandergelegt werden würden, dann gäbe das eine Stromverbindung von München bis Peking!

So ein Gott

Oberleitungen schlängeln sich kreuz und quer durch unser Land. Und das ist auch gut so, da Züge die Verbindung nach oben brauchen, um mit Strom versorgt zu werden. Ohne diesen Strom, ohne die Verbindung nach oben wäre für unsere heutigen Züge keine Bewegung möglich. Sie brauchen die Stromkraft, die die Oberleitung an sie weitergibt. Dafür wurden Tausende Kilometer lang eben solche Leitungen samt all den Trägern, Pfosten, Pfählen und Verteilern deutschlandweit gebaut. Dennoch kommt es vor, dass genau diese Verbindung zwischen Zug und Oberleitung abbricht oder ausfällt. In solchen Momenten wird in jedem Zug automatisch eine sogenannte Zwangsbremsung ausgeführt. Das bedeutet dann den absoluten Stillstand. Nichts geht mehr.

Und obwohl viele Menschen oft und ordentlich über die Deutsche Bahn und ihre Verspätungen schimpfen, ist sie uns in diesem Punkt ein großes Vorbild. Wir können von der Eisenbahn lernen, wie wichtig die dauerhafte Verbindung nach oben ist! Es geht um Gott und die großartige Möglichkeit, dass wir jederzeit und an jedem Ort mit ihm verbunden sein können. Gott ist da und wir können ganz ohne Leitung, Pfahl und Schienen mit ihm in Berührung kommen. Mit ihm verbunden sein. Denn alles, was wir dazu brauchen, sind unsere Worte – ist ein Gebet. Ganz ähnlich wie bei einem Zug können wir in der Verbindung zu Gott erleben, wie viel Kraft und Energie, wie viel Abenteuer und Freude, wie viel Bewahrung und Führung er geben kann. Gott ist jederzeit und an allen Orten nah, sodass wir mit ihm über alles reden, ihn um alles bitten und Großes von ihm erwarten können. Denn er hält alles Gute für uns bereit, solange wir mit ihm verbunden sind.

⇨ Es bietet sich an, diese Andacht bei einem Spaziergang oder einer Radtour entlang einer Bahnlinie zu halten. In der Nähe kann gepicknickt werden und dabei für die Kinder / die Gruppe mit abschließendem Segen gebetet werden! Erwartet Großes von Gott!

PAPIERFLIEGER

Ich lasse alles hinter mir und sehe nur noch, was vor mir liegt.
Philipper 3,13b

Mit Gott kann ich fröhlich vorwärtsgehen.

Kraft, Leben, Schöpfung

So ein Ding

Man geht davon aus, dass in China bereits vor über 2.000 Jahren Drachenflieger aus Papier gefaltet wurden. Auch sind erste Origami-Objekte aus dem 17. Jahrhundert bekannt. Insofern sind Papierspielzeuge keine neue Erfindung! Doch für den speziellen Bereich der Papierfliegerei gilt der Philosoph, Techniker und Gelehrte Leonardo da Vinci als Urvater. Neben den alltäglich gefalteten Papierfliegern weltweit wurden vereinzelt auch erstaunliche Rekorde erzielt. So flog ein Papierflieger schon über 69 Meter weit, ein anderer über 30 Sekunden lang und das bislang größte Papierflugzeug (2013) hat eine Spannweite von über 18 Meter. Obwohl es für diesen Jahrtausende alten Spaß noch keine offizielle Weltmeisterschaft gibt, veranstaltet Red Bull längst weltweite Papierflieger-Wettbewerbe.

So ein Gott

Ein Papierflieger besteht aus einem ganz alltäglichen Material und kann wahrlich begeistern. Wer es kann, hat ihn schnell gefaltet und schickt ihn dann auf eine spannende Reise. Die richtige Falttechnik, der angemessene Schwung und der ideale Wurfzeitpunkt bedingen die Flugweite, die Höhe, die Kurven und den Ort für die Landung. Sinn und Ziel eines Papierfliegers ist es durchzustarten, seinen Weg nach vorn zu meistern, möglichst weit zu fliegen und andere damit

zu begeistern. Doch aus sich selbst heraus kann das keinem Papierflieger gelingen. Er braucht den Schöpfer, den Gestalter, die feinfühlige starke Hand und die nötige Schwungkraft. Genauso wie wir!
Jede und jeder von uns wurde einzigartig von Gott erschaffen. Genial und mit viel Fingerspitzengefühl hat Gott jede und jeden von uns mit dem ausgestattet, was wir für unseren Weg brauchen. Vor uns allen liegt ein weiter Raum, ein neuer Tag, eine großartige Welt und ein ganzes Leben. Dabei ist es gut, dass Gott in uns viele Gaben, Stärken, Ideen und Möglichkeiten hineingelegt hat. Wir können so einiges schaffen. Aber, wie ein Papierflieger, nicht aus uns selbst heraus. Denn alles, was wir sind und haben, kommt von Gott! Deshalb brauchen wir, damit der Flug bzw. unser Leben gelingt, die feinfühlige und starke Hand des Schöpfers. Er gibt uns die Schwungkraft und zeigt uns den Weg.
Ja, Gott beschenkt uns mit Freude, um das Leben zu entdecken und zu genießen. Er gibt uns jeden Tag neu die Kraft, die wir brauchen, um Aufgaben des Tages zu meistern. Auch zeigt Gott uns durch Menschen, die uns begleiten und begegnen, durch Träume, Ideen oder unsere Gaben großartige Möglichkeiten, wie wir unser Leben gestalten, diese Welt prägen und verändern können. In all dem will Gott uns Sorgen und Ängste nehmen, sie mit uns tragen, damit wir an keiner Last zerbrechen müssen. Mit ihm und durch ihn können wir die Welt entdecken, das Leben erobern und frohen Mutes vorwärtsgehen.

⇨ Das Lied „Vorwärts“ von Mike Müllerbauer kann gemeinsam gesungen werden. Und natürlich sollten Papierflieger gefaltet und geworfen werden!

PATCHWORK

Ihr könnt es, denn Gott selbst bewirkt in euch nicht nur das Wollen, sondern auch das Vollbringen, so wie es ihm gefällt.
Philipper 2,13

Gott sieht dein Potenzial!

Einzigartig, Veränderung

So ein Ding

Patchwork, teilweise auch Quilten genannt, ist eine Handwerkskunst im Textilbereich. Stücke verschiedener Stoffe/Materialien werden dabei zu neuen Textilien zusammengenäht oder gesteppt. Während diese Art der Handarbeit früher von armen Leuten genutzt wurde, dient sie heute vor allem dekorativen und gestalterischen Zwecken. Doch im 19. Jahrhundert, als viele Einwanderer nach Amerika kamen, mussten Frauen Lumpen oder Stoffreste alter Kleidungsstücke nehmen, um daraus z. B. neue wärmende Decken zu nähen. Aufgrund von Fundstücken geht man jedoch davon aus, dass es erste Patchwork-Arbeiten bereits um das Jahr 1000 v. Chr. in Ägypten gab – damals allerdings aus Gazellenhaut.

So ein Gott

Patchwork-Artikel gibt es in allen Bereichen der Textilindustrie. Von Decken über Teppiche, Kissen, Hosen bis hin zu Jacken und Kleidern sind dem bunten kreativen Stoffmix keine Grenzen gesetzt. Aber wenn man genauer hinschaut, ist das, was so viele Menschen begeistert, nichts anderes als die Sammlung kleiner Stoffreste. Kleine Reststücke und Fetzen, die an anderen Orten vielleicht in den Müll geworfen oder als Putzlappen verwendet worden wären, werden durch Patchwork-Arbeiten zu neuen kreativen Meisterwerken.

Ein tolles Bild für uns Menschen, Meisterwerke Gottes! Denn wir sind einzigartig, bunt und fröhlich, laut und leise. Aber wenn wir ehrlich sind, dann gibt es in uns und unserem Leben auch so manchen unansehnlichen Fetzen. Es gibt einiges, was uns misslingt. Es gibt Aufgaben, die wir verpatzen oder verweigern. Es gibt Situationen, die uns überfordern und unsere Grenzen zeigen. Es gibt so viel Angst und Unsicherheit in uns. Es gibt Menschen, die wir verletzen und enttäuschen. Und es gibt so viele Momente, in denen wir das Falsche sagen, denken und tun. Wir sind wahrlich nicht perfekt! Ja, manchmal fühlen wir uns nicht wie ein Königskind, sondern eher zerfetzt und zerrissen. Und beides gehört zu uns! Doch trotzdem, oder gerade deshalb, sind wir Gottes Meisterwerke. Denn Gott weiß und sieht, was in uns steckt. Gott kennt unsere Gaben und Grenzen, unser Versagen und unsere Begeisterung. Er liebt unsere Stärken und Schwächen. Denn er ist es, der all das zusammenfügen kann, um das Bestmögliche daraus zu schaffen. Es ist ein Geheimnis des Glaubens, wie Gott in uns und mit uns Veränderung schafft. Doch immer wieder können wir Neues erleben – kann Neues entstehen. Wir müssen ihm aber dazu die schönen und die zerfetzten Teile unseres Lebens anvertrauen, auf dass wir Meisterwerke sind – und bleiben.

⇨ Einen Patchwork-Bibeleinband zu nähen passt gut zum Gegenstand und zum Unterwegssein mit Gott!

PERLE

Wenn wir aber unsere Verfehlungen eingestehen, können wir damit rechnen, dass Gott treu und gerecht ist: Er wird uns dann unsere Verfehlungen vergeben und uns von aller Schuld reinigen.
1. Johannes 1,9

Schuld bekennen kostet Kraft und ist wahrlich kostbar!

Schuld, Vergebung

So ein Ding

Seit Menschengedenken haben Perlen eine faszinierende Wirkung und starke Symbolkraft. Dazu gehören Reichtum, Schönheit, Reinheit und Kostbarkeit. Darüber hinaus glaubten die „alten Griechen“ aus der Zeit vor Christus, dass Perlen der Tau des Mondes sei, während für die Römer die Perlen als Früchte der Venus galten. Der Reiz der Perle, das Statussymbol und die Vorliebe zur Schmuckverarbeitung, hängt sicherlich auch damit zusammen, dass natürlich gewachsene Perlen nur sehr selten vorkommen. Denn nur wenige Muscheln oder Schnecken können überhaupt Perlen produzieren. Dies geschieht als Abwehr gegen Eindringlinge wie Parasiten. Allerdings reicht der Fremdkörper allein noch nicht aus, damit in Perlaustern wirklich eine Perle entsteht. Entscheidend ist, dass beim Eindringen des Fremdlings auch ein kleines Stück des eigenen Muschelgewebes in das Innere der Muschel gelangt.

So ein Gott

Perlen sind klein, wunderschön und wertvoll. Doch ihre Entstehung ist in gewisser Weise schmerzhaft. Denn wenn ein Parasit, ein zerstörender Feind, in die Muschel eindringt, dann löst die Muschel ein kleines Stück ihres Mantelteils, der Innenseite der Schale, ab.

Dieses sondert dann immer wieder Perlmutt ab, um den Fremdling zu umhüllen und unschädlich zu machen. So muss eine Muschel verletzt werden, damit nach und nach eine wunderschöne, einzigartige und manchmal unfassbar wertvolle Perle entstehen kann.
Wenn ich eine solche Perle anschaue, dann wird mir heiß und kalt. Denn ich weiß, dass wir Menschen für Gott unschätzbar wertvoll sind! Viel mehr wert, als es irgendeine Perle dieser Welt sein kann. Doch die Perle ist ja nur das Ergebnis. Viel wichtiger sind die Muschel, der Fremdling und der innere Kampf. Genau da entdecke ich uns wieder. Denn auch in uns schleichen sich immer wieder Parasiten ein. In unserem Herz und in unseren Gedanken machen sie sich breit. Dabei meine ich keine kleinen Tierchen, sondern Unwahrheiten, Gemeinheiten, Verletzungen, Schuld oder bohrende Fragen und Zweifel über Recht und Unrecht. All das, was unser Herz und unsere Gedanken immer dunkler und schwerer machen. Wut, Bitterkeit und Frust können blitzschnell entstehen. Kleine Parasiten in unserer Seele, die es nicht gut mit uns meinen. Die Bibel nennt all das Sünde. Eine zerstörerische Macht, die Unfrieden sät, den Blick auf Gott versperrt und uns so viel Gutes vom Leben nimmt.
Aber: Das muss nicht sein! Denn wie in der Muschel kann auch in uns der Parasit Sünde besiegt werden. Wenn wir Gott all das Dunkle, Belastende und Falsche bekennen – mit ihm über jeden Frust, jede Wut und Bitterkeit reden, dann werden wir, wie die Muschel, von innen heil werden. Denn Gott kann und will vergeben. Mit Gott können wir neu beginnen! Leuchtend, strahlend und rein wie Perlen.

⇨ Fädelt, ähnlich wie beim Rosenkranz, eine Perlenkette als Gebetshilfe auf. Eine Idee dafür sind die „Perlen des Glaubens“. Für ältere Kinder sind die Methoden aus „Heartbeads. Die Perlen-Methode für Schule und Jugendarbeit“ von Marco Kargl (buch+musik, Stuttgart 2017) sehr zu empfehlen.

PFANDFLASCHE

Dann sagte der, der auf dem Thron saß: „Gebt Acht, jetzt mache ich alles neu!"
Offenbarung 21,5a

Auf uns wartet eine geniale, neue himmlische Welt.

Ewigkeit, Herrlichkeit, Himmel

So ein Ding

Pfandflaschen bestehen aus Glas, einfachem oder härterem Plastik und müssen grundsätzlich differenziert betrachtet und beurteilt werden. Die sogenannten PET-Flaschen aus einfachem Plastik können in der Getränkeindustrie nur einmal genutzt werden und landen danach in der Herstellung von z. B. neuen Flaschen oder Polyesterprodukten. Sie gehören zum Einweg-Pfandsystem, das in Deutschland erst 2003 eingeführt wurde. Allein durch Aktionen wie Spende dein Pfand e. V. oder Deckel drauf e. V. kann der steigenden Nutzung der PET-Flaschen jedoch auch etwas Positives abgewonnen werden. Anders ist es bei Flaschen aus härterem Plastik oder Glas. Sie sind die wahren Helden! Denn als Pfandflasche werden sie nach dem Gebrauch gereinigt und wieder als Getränkeflaschen verwendet. Ein umweltbewusster Kreislauf, der funktioniert. Dieses Mehrweg-Pfandsystem gibt es in Deutschland schon seit 1929 und wurde damals von der Firma Coca-Cola® eingeführt.

So ein Gott

Gott hat diese Welt in aller Vielfalt und Schönheit erschaffen – und sie uns Menschen anvertraut. Davon lesen wir gleich zu Beginn der Bibel. Wir Menschen sollen uns um Tiere und Natur kümmern und tragen Sorge für den Lebensraum, den Gott uns zur Verfügung stellt. Das bedeutet für uns alle längst, dass wir mit Rohstoffen wie Wasser und Erdöl sehr bewusst und sparsam umgehen sollten. Auch sind wir herausgefordert, die Wälder zu schützen, die Verpestung der Luft möglichst gering zu halten und mit Materialien bzw. Müll sehr weise und nachhaltig zu verfahren. Es ist in vielen Bereichen unseres Lebens gar nicht so schwer, Altes wiederzuverwerten. Pfandflaschen sind da eine tolle Möglichkeit!

Doch bei all der Liebe und Sorgfalt zu unserer Welt dürfen wir nicht vergessen, dass wir in gewisser Weise nur auf der Durchreise sind. Diese Erde ist unser Zuhause und soll auch noch das Zuhause vieler anderer Generationen werden. Aber irgendwann ist unsere Zeit auf dieser Welt zu Ende. Das muss uns jedoch keine Angst machen! Vielmehr können wir uns von ganzem Herzen auf das freuen, was dann kommen wird. Denn in der Bibel verspricht uns Gott eine neue Welt, ein neues himmlisches Reich.

Und jede Pfandflasche kann unsere Vorfreude wecken, weil sie uns zeigt, wie aus Altem Neues werden kann. Dabei sind es aber nur wir Menschen, die z. B. aus leeren PET-Flaschen kuschelige Fleecedecken oder sichere Zelte gestalten können. Um wie viel großartiger und genialer wird die neue himmlische Welt sein, in der wir mit Gott gemeinsam leben dürfen!

Wie genau es dort aussehen und sein wird, weiß niemand. Durch die Bibel wissen wir aber, dass Johannes, einer der ersten Nachfolger Jesu, in Träumen und Visionen einen Blick in dieses neue Reich Gottes werfen durfte. In der Offenbarung versucht er, uns diese Augenblicke mit Worten und Bildern zu beschreiben, die für ihn damals unfassbar wertvoll waren: Gold, Edelsteine, Licht und Freiheit. Heute wären es vielleicht eher Free-WiFi, eine Pizza-Flatrate oder Milliarden Euros für alle. Doch sowohl für Johannes als auch für uns heute ist klar, dass Gott in seiner neuen Welt gegenwärtig sein wird. Er wird da sein, nah sein und das ewige Leben mit uns verbringen. Uns erwartet eine neue, großartige und kaum in Worte zu fassende Welt, in der es auf ewig besser sein wird als alle guten Augenblicke unseres Lebens zusammen.

⇨ Zu Beginn der Andacht kann eine Pfandflasche gefüllt werden (Schöpfung). Dann wird sie geleert (Tod), um dann nach und nach bis zum Überlaufen neu gefüllt zu werden (Himmel).

QUARTETTSPIEL

Wer von den Göttern kann sich dir vergleichen? Wer ist so heilig, Herr, und so gewaltig? Wer sonst weckt Furcht und Staunen durch sein Tun?
2. Mose 15,11

Niemand ist stärker, größer oder mächtiger als Gott.

Kraft, Stärke

So ein Ding

Diese Art von Kartenspiel begeistert schon seit Jahrhunderten Kinder und Erwachsene auf der ganzen Welt. Die Regeln sind einfach, leicht verständlich und werden vielleicht gerade deshalb in vielen Familien den eigenen Vorlieben angepasst. Neben genau diesen unzähligen Varianten gibt es jedoch grundsätzlich nur zwei verschiedene Spielformen, das Sammeln und das Stechen. Dabei ist das Stechen die beliebtere Spielart und wird meist zu zweit gespielt. Durch ein Vergleichen der Kategorien werden den Mitspielenden Karten abgenommen, bis letztlich die/der gewinnt, die/der alle Karten auf der Hand hat. Quartettspiele gibt es in ganz unterschiedlichen Themenbereichen wie Fahrzeuge, Dinos, bekannte Figuren aus Film und Fernsehen, Sportler, Kinderhelden, Dirndls, alkoholische Getränke oder auch biblische Geschichten.

So ein Gott

Ein Quartettspiel ist ein toller Freund gegen die Langeweile im Bus, in der Pause, auf langen Auto- oder Zugfahrten oder an einem gemütlichen Nachmittag zu Hause. Ein Stapel Karten, eine Spielpartnerin / ein Spielpartner und schon geht es los. Beim Stechen kann man nicht nur manches lernen, sondern man muss vor allem

gut einschätzen können, welche Stärke tatsächlich gewinnt. Denn die Gegner sind nicht ohne – auch wenn es dabei nur Bilder, Zahlen und Buchstaben auf Spielkarten sind. Manchmal wird man richtig überrascht, ausgestochen oder sogar bezwungen.
Solch böse Überraschungen gibt es leider nicht nur im Spiel, sondern auch im Leben. Wir begegnen vielen Menschen und nicht alle meinen es gut mit uns. Wir hören viele Worte und manche davon verletzen uns. Wir sehen und erleben viel Gutes, doch manches erschreckt oder verstört uns. Manchmal fühlt es sich so an, als würde ein Streit, eine Krankheit, eine Schulaufgabe oder das Chaos in der eigenen Familie uns ausstechen und uns bezwingen wollen. Ja, sogar eine kleine Spinne kann ausreichen, um uns aus der Fassung zu bringen! Wie im Kartenspiel scheinen wir mehr und mehr an Kraft und Möglichkeiten zu verlieren. Aber wir haben einen Joker, einen unbesiegbaren Freund an unserer Seite! Es ist Gott und er ist stärker, als wir es uns vorstellen können. Natürlich erleben wir auch mit Gott als Freund an unserer Seite schwierige Situationen. Auch mit Gott gibt es Momente, in denen wir traurig sind, Angst haben und uns hilflos fühlen. Doch wenn wir genau in diesen Situationen an Gott denken, mit ihm reden, ihm vertrauen oder ihn mit einem Lied loben, dann werden wir eine Veränderung erleben. Er kann uns neuen Mut und neue Kraft schenken. Denn: Nichts und niemand ist stärker als Gott und mit ihm wird uns nichts und niemand bezwingen können.

⇨ Das Lied „Sei mutig und stark“ (Einfach spitze, Nr. 18; Mike Müllerbauer) kann passend dazu gesungen werden. Und natürlich solltet ihr gemeinsam Quartett spielen – vielleicht sogar als kleines Turnier im Stechen?

RADIERGUMMI

Herr, wo sonst gibt es einen Gott wie dich? Allen, die von deinem Volk übrig geblieben sind, vergibst du ihre Schuld und gehst über ihre Verfehlungen hinweg. Du hältst nicht für immer an deinem Zorn fest; denn Güte und Liebe zu erweisen macht dir Freude.
Micha 7,18

Gott vergibt uns unsere Schuld – ein für alle Mal.

Schuld, Vergebung

So ein Ding

Radiergummis, auch Radierer oder Ratzefummel genannt, gibt es in allen Farben, Formen und Größen und sind deshalb auch beliebte Sammelobjekte. Bevor der Radiergummi im Jahr 1770 von einem Briten entdeckt wurde, nutzten Menschen z. B. Brot, um geschriebene Fehler verschwinden zu lassen. Der Grundbestandteil eines Radiergummis ist Kautschuk, der dann zu einem speziellen Gummi weiterverarbeitet wird. Der an manchen Radierern blau gefärbte Teil besteht jedoch aus einem härteren Gummi und ist zum Wegradieren von Tinte gedacht. Dies geschieht, indem vorsichtig die obere Schicht des Papiers weggerubbelt wird. Leider hat dies oft Löcher im Papier zur Folge. Ganz anders funktioniert das Entfernen von Bleistiftspuren. Die Mine des Bleistifts besteht aus einer Art Kohle, Graphit, und hinterlässt beim Malen und Schreiben kleine Kristalle auf dem Papier. Diese werden durch das Reiben des Radiergummis angezogen und hinterlassen danach bestenfalls ein wieder reines Papier.

So ein Gott

Wir benutzen ihn alle und oft hat er uns das Leben schon einfacher gemacht – der Radiergummi. Wenn sich in der Schule, beim Schreiben eines Briefes oder Malen eines Bildes ein Fehler einschleicht, können wir ihn einfach ausradieren. Er verschwindet. Und selbst wenn manchmal noch kleine Spuren zu sehen sind, können diese leicht übermalt oder überschrieben werden. Am Ende sieht es so aus, als hätte es nie ein Missgeschick gegeben. Damit ist klar: Ein guter Radiergummi ist unersetzbar.

Doch wie sieht es in unserem Leben aus? Auch dort gibt es Missgeschicke und Fehler, die sich einschleichen. Jeden Tag wählen wir falsche Worte, geben ein unwahres Bild ab oder treffen blöde Entscheidungen. Wie schnell kommt uns eine Notlüge über die Lippen, schielen unsere Augen bei der Klassenarbeit zum Nachbarn rüber oder denken wir beim Teilen der Gummibärchen nur an unseren eigenen Vorteil! Wenn also unser Leben ein beschriebenes Blatt Papier wäre, dann wäre darin so manches durchgestrichen, überkritzelt oder ausgebessert.

Schade, dass es keinen Radiergummi fürs Leben gibt, oder? Die gute Nachricht ist, dass es ihn doch gibt! Gott, unser liebender Vater, hält einen unsichtbaren Radiergummi in seiner Hand, um unser Leben wieder rein und weiß werden zu lassen. All die Missgeschicke und Fehler radiert Gott einfach aus. Er vergibt uns, erlässt unsere Schuld und holt sie auch nie wieder zurück. Wenn wir ihn darum bitten, dann ist für Gott unsere Schuld ein für alle Mal verschwunden. Das, was war, spielt für Gott dann keine Rolle mehr. Unser Papier ist wieder rein und leer, sodass wir neu mit ihm durchstarten können ... bis zum nächsten Fehler.

⇨ Auf weißem Papier kann Schuld mit Bleistift niedergeschrieben und somit benannt werden, um sie dann fröhlich auszuradieren! Je nach Gruppe kann ein Zwischenschritt sein, dass man sich gegenseitig Schuld bekennt und füreinander und miteinander betet.

REGENBOGEN

Das ist der Bund, den ich für alle Zeiten mit euch und mit allen lebenden Wesen bei euch schließe. Als Zeichen dafür setze ich meinen Bogen in die Wolken. Er ist der sichtbare Garant für die Zusage, die ich der Erde mache.
1. Mose 9,13

Gott gibt uns Menschen Zeichen der Liebe und des Lebens.

Dunkelheit, Licht

So ein Ding

Der Regenbogen ist einerseits ein faszinierendes Zeichen am Himmel und andererseits einfache Physik. Alles beginnt damit, dass Sonnenlicht nicht rein weiß ist, so wie wir es wahrnehmen, sondern aus vielen verschiedenen Farben besteht. Dazu gehören nicht nur die bekannten Spektralfarben, sondern auch Farbbereiche wie Ultraviolett und Infrarot, die unseren Augen verborgen sind. All diese Farben werden in jedem Sonnenstrahl gebündelt und erscheinen unserem Auge/Gehirn als weiß. Wenn nun aber ein Sonnenstrahl auf einen Regentropfen trifft, wird er an dessen Wand gebrochen und gespiegelt. Die gebündelten Farben des Sonnenstrahls werden somit an unser Auge zurückgeschickt. Wichtig ist, in welchem Winkel der Sonnenstrahl auf den Regentropfen trifft. Denn davon hängt ab, welche der „Sonnenfarben“ reflektiert und sichtbar wird. Auf diese Weise entsteht für unser menschliches Auge der wunderschöne und verheißungsvolle Bogen der Spektralfarben aus Violett, Blau, Grün, Gelb, Orange und Rot.

So ein Gott

Wir entdecken einen Regenbogen nur dann am Himmel, wenn Sonnenstrahlen und Regentropfen genau im richtigen Winkel vom Himmel auf die Erde treffen. In gewisser Weise erinnert uns also jeder Regenbogen daran, dass in unserem Leben immer wieder Licht und Dunkelheit aufeinandertreffen können. Das kann bedeuten, dass wir z. B. in der Schule gelobt werden und es abends trotzdem Streit mit Mama gibt. Oder dass wir, von Gott begeistert, in die Gemeinde gehen und genau dafür von unseren Freunden ausgelacht werden.
Aber jeder Regenbogen will uns noch an viel mehr erinnern! Wir schauen in die Bibel und erfahren die Geschichte vom allerersten Regenbogen der Welt. Damals hatte Gott Noah, seine Familie und viele Tiere gerettet, um mit ihnen auf dieser Welt einen Neuanfang zu wagen. Dazu mussten aber alle gemeinsam 40 Regentage und 40 Regennächte in einem Schiff ausharren. Eine wahrscheinlich sehr unbequeme Zeit. Ganz zu schweigen davon, dass niemand genau wusste, wie es danach weitergehen kann. Ein Gefühl von Angst und Unsicherheit, wie wir es bis heute kennen. Wir alle erleben immer wieder Situationen, in denen wir nicht mehr weiterwissen. Momente, in denen wir uns überfordert und machtlos fühlen und unser Herz eher dunkel und schwer zu sein scheint. In genau so eine Situation hinein hat Gott damals den ersten Regenbogen an den Himmel gesetzt! Ein buntes machtvolles Zeichen! Sein Versprechen, dass keine dunkle Macht und keine noch so anstrengende Zeit seine Liebe und seine Kraft besiegen können. Jedes Mal, wenn wir einen Regenbogen am Himmel sehen, werden wir also daran erinnert, dass Gottes Licht jede Dunkelheit durchbricht und neues buntes Leben möglich macht.

⇨ Versucht bei Sonnenschein mithilfe eines Wasserschlauchs einen eigenen Regenbogen an den Himmel zu setzen. Bei Regenwetter können in Regenbogenfarben Versprechen Gottes aufgeschrieben werden.

RING

Du hast die Erde gegründet vor langer Zeit, den Himmel hast du gemacht mit eigener Hand. Sie werden vergehen, du aber bleibst. Psalm 102,26-27a

Gott ist ewig.

Ewig, Geschenk

So ein Ding

Der Ring gehört wohl zu den ältesten und bekanntesten Schmuckstücken der Geschichte. Er kam und kommt in allen Kulturen vor, dient als Macht- und Würdezeichen, als Symbol für Liebe und Treue oder einfach als Zierde an Finger und Zeh. Laut Wikipedia wurde in Tschechien ein Ring aus Mammutelfenbein gefunden, der schon gut 21.000 Jahre alt sein soll. Heutzutage wird dieses Material zur Herstellung von Ringen wohl nicht mehr verwendet, dafür jedoch weiterhin Palladium, Gold, Silber, Edelstahl, Platin, verschiedene Kunststoffe, Leder, Filz, Holz, Draht oder auch Papier. Anzumerken ist noch, dass Ohrringe und Nasenringe als Schmuckstücke offiziell nicht in die Kategorie der Ringe, sondern in die der Nadeln zählen.

So ein Gott

Für viele Menschen ist der Fingerring viel mehr als ein einfaches Schmuckstück. Er erzählt eine Geschichte, die wir z. B. mit einer bestimmten Situation oder dem Menschen verbinden, der uns diesen Ring geschenkt hat. Das können einfache Freundschaftsringe sein, ein gehäkelter Ring gekauft an einem Marktstand im Urlaub oder auch nur der Verschluss einer Trinkdose als Zeichen der Liebe beim ersten Date. Dabei wird deutlich: Wenn der Ring als Symbol für etwas Größeres steht, spielt das Material keine Rolle. Sein Wert liegt in seiner Geschichte. So sind manchmal selbst gemachte Ringe wertvolle als solche aus Gold oder Silber.

Nicht nur die Geschichte, die mancher Ring erzählt, sondern auch der Ring an sich hat eine Botschaft. Ringe haben weder Anfang noch Ende. So sind sie, in ihrer Form ganz dezent und einfach, eines der wichtigsten und stärksten Symbole für uns. Denn sie erinnern uns an unseren großartigen Gott! Auch er hat keinen Anfang und kein Ende! Alles, was er ist, und alles, was er geben kann, ist unendlich, vollkommen und ewig. Gott war da, um diese Welt zu erschaffen, und er wird noch da sein, wenn diese Welt zu Ende geht und die neue beginnt. Gottes Liebe und Gnade waren da, noch bevor wir geboren wurden, und sie bleiben bis über den Tod hinaus. Gott hat uns in Jesus vergeben, noch bevor wir unseren ersten Fehler machen konnten, und er wird uns vergeben bis zum letzten Atemzug. Gott gibt uns von Anfang an alles, was wir zum Leben brauchen, und das endet erst in der herrlichen Ewigkeit, wenn wir alles haben. Gottes Ja zu uns hat weder Anfang noch Ende. Alles, was dazu gehört, ist unendlich und beginnt doch immer wieder neu. Daran kann uns jeder Ring erinnern.

Es ist schön, wenn jede und jeder einen Ring als Erinnerung mit nach Hause nehmen kann. Mit bastelfreudigen Kindern kann feiner Draht einfach so oft um z. B. einen dicken Stift gewickelt werden, bis der Ring die passende Stärke hat. Zum Schluss einen Knopf mit dem gleichen Draht fixieren (festwickeln) und schon ist ein Ring fertig. Etwas massiver wird es, wenn Holzgardinenringe bemalt oder mit einem Lötstab verziert und mit einem Lederband zu einer Kette werden.

SALZKRISTALLE

Wenn schlimme Tage kommen, nimmt der Herr mich bei sich auf, er gibt mir Schutz unter seinem Dach und stellt mich auf sicheren Felsengrund.
Psalm 27,5

Gott ist unser Fels – auch in bitteren Zeiten.

Not, Stärke

So ein Ding

In unserem Alltag sind wir von vielen Kristallen umgeben. Denn nicht nur wertvolle Edelsteine oder Mineralien, sondern auch Salz, Zucker und Schneeflocken bestehen aus kleinen Kristallen. Dabei handelt es sich um einen festen Körper, der aus einer ganz regelmäßigen Struktur von unzähligen Atomen besteht. Dieses für uns unsichtbare „Gitter" ist einzigartig für Kristalle aller Art und bietet zugleich die Möglichkeit, in wunderschönen Formen zu wachsen. Übrigens kommt die Bezeichnung „Kristall" aus dem antiken Griechenland und bedeutet so viel wie Eis, Kälte und Frost.

So ein Gott

Salz ist wichtig für unseren Körper und unverzichtbar für unser Leben. Auch schmeckt es auf einem Frühstücksei, auf Pommes oder Chips besonders lecker. Doch zu viel Salz kann für unseren Körper nicht nur ungesund werden, sondern es schmeckt auch grauenvoll! Unsere Gesichtsmuskeln ziehen sich zusammen und unsere Zunge will den Geschmack loswerden.
Ist ein Essen versalzen, haben wir schnell genug davon. Ebenso fühlt es sich an, wenn unser Leben „versalzen" ist. Wir haben schnell genug davon, wenn es mal nicht gut läuft. Es fühlt sich bit-

ter und unangenehm an, eine Außenseiterin / ein Außenseiter zu sein, es den Eltern nie recht machen zu können, für seinen Glauben an Gott ausgelacht zu werden oder die Aufgaben in der Schule einfach nicht zu packen. Die bittere Wahrheit ist, dass auch solche Momente und Zeiten zu unserem Leben dazugehören. Gott hat uns niemals versprochen, dass auf dieser Welt alles einfach werden würde. Aber er hat uns versprochen, immer für uns da zu sein!
In der Bibel stellt er sich uns einmal als Felsen vor. Ein fester, sicherer Stein, auf den wir vertrauen und auch in stürmischen oder bitteren Zeiten bauen können. Denn er ist Gott und kennt unsere Not, unsere Angst und die Wege, die Veränderung bringen. Gott will auch in den „salzigen" Zeiten an unserer Seite bleiben, um uns zu stärken und uns zu helfen. Dies kann z. B. durch einen tollen Vers aus der Bibel, eine Freundin oder einen Freund, die oder der uns zur Seite steht, oder auch ein klärendes Gespräch mit den Eltern geschehen. Gottes Möglichkeiten sind viel größer als meine und deine Ideen. Denn er ist unser Fels und durch ihn kann sogar aus salzigen Zeiten etwas Gutes entstehen.

⇨ Diese Andacht braucht eine lange Vorbereitung, da ein fertiges Salzkristall vorhanden sein sollte! Dazu muss ein Stein in eine Salzlösung gelegt werden und diese dann verdunstet sein. Zu Beginn der Andacht wird viel Salz in Wasser verrührt, später dann ein Stein (als Fels) hineingeworfen und zum Schluss der Andacht das bereits fertiggestellte Salzkristall gezeigt. Gemeinsam können die Wasser-Salz-Lösungen mit Lebensmittelfarbe gefärbt und Steine hineingelegt werden. Im Laufe der nächsten Tage entstehen so bunte Kristalle.

SCHLÜSSEL

Im Haus meines Vaters gibt es viele Wohnungen, und ich gehe jetzt hin, um dort einen Platz für euch bereitzumachen.
Johannes 14,2a

Uns steht der Himmel offen.

Ewigkeit, Himmel

So ein Ding

Ganz unterschiedliche archäologische Funde lassen erkennen, dass Schlüssel schon eine lange Geschichte haben. Die ältesten stammen aus der Bronzezeit und hatten Ähnlichkeiten mit einem Haken. Später dann wurde daraus ein sogenannter mehrzinkiger Haken, bevor nach und nach unsere heutige Schlüsselform entstand. Grundsätzlich dienen diese Alltagsgegenstände zum Öffnen und Verschließen der unterschiedlichsten Schlösser und übernehmen somit eine Funktion der Zutrittskontrolle und der Sicherheit (Einbruch). Allerdings ist dazu für jeden Schlüssel das passende Schlüsselloch bzw. Schloss von Nöten. Während im Volksglauben Schlüsseln manch magische Eigenschaft zugeschrieben wird, dient er gleichzeitig auch als ein Symbol der Macht, Herrschaft oder Liebe (z. B. der Schlüssel zum Herzen).

So ein Gott

Ein kleiner Schlüssel kann uns die Tür in ganz verschiedene Welten öffnen. Da gibt es die vertraute, geliebte und sichere Welt von unserem Zuhause. Oder die ganz private, heimliche und so wertvolle Welt von unserem Tagebuch oder unserer Spardose. Auch öffnet mancher Schlüssel die Keller- oder Garagentür und macht somit den Weg frei, mit unserem Fahrrad die Welt zu erobern. Ganz zu

schweigen von dem Autoschlüssel, der für die eine oder den anderen tatsächlich Freiheit und Unabhängigkeit bedeutet. Der Schlüssel als Symbol fürs Wohlfühlen und Zuhause sein. Aber auch als Zeichen für jedes Umziehen, Loslassen, Aufbrechen und Neuanfangen. Denn zu vielen Eröffnungsfeiern gehört die Schlüsselübergabe ebenso dazu wie zu jeder neuen Wohnung und jedem neu gebauten Haus. Das bedeutet, jeder Schlüssel will uns nicht nur von Sicherheit erzählen, sondern auch neugierig machen auf unsere wunderbare Welt, in der wir viel erleben und entdecken können.
Doch das ist längst nicht alles! Denn jeder Schlüssel kann uns daran erinnern, dass noch eine ganz andere Welt und ein viel unglaublicheres Zuhause auf uns wartet. Die Bibel erzählt immer wieder davon. Alles beginnt damit, dass wir Menschen von Gott für dieses Leben hier gewollt, geschaffen und gerufen sind. Doch Gott will mehr! Seine Liebe zu uns ist so groß, dass er uns für alle Ewigkeit in seiner Nähe haben möchte. Seine Macht, seine Herrlichkeit, seine Nähe, seine Kraft, seine Liebe und sein Frieden sollen uns für alle Ewigkeit umgeben. Den Schlüssel für dieses großartige und unbeschreibliche, neue Zuhause haben wir zusammen mit Jesus in unserer Hand. Auch wenn wir es jetzt noch nicht sehen können, können wir eine Ahnung von dem bekommen, was auf uns wartet. Denn manches verrät uns die Bibel, manches erzählen uns andere Christen in Liedern und Gesprächen, manches kann uns Gott in Träumen und Gedanken zeigen und vieles können wir spüren, wenn wir mit Jesus leben. Mit ihm steht uns der Himmel offen, denn auf uns wartet, vielleicht nach einigen Umzügen auf dieser Erde, ein letzter Umzug in Gottes neue Welt.

⇨ Nagelt alte Schlüssel auf einem Holzbrett fest. Biegt dann jeweils die Spitze der Schlüssel mit einer Zange leicht nach oben, sodass daraus ein Haken wird. Je nach Größe des Holzbrettes und Anzahl der Schlüssel habt ihr nun eine kleine Garderobe, ein Schlüsselbrett, eine Halterung für Schmuck oder etwas Ähnliches.

SCHLÜSSELANHÄNGER

Sei mir ein sicheres Zuhause, wohin ich jederzeit kommen kann!
Psalm 71,3a

Bei Gott sind wir zu Hause.

Bibel, Ewigkeit

So ein Ding

Schlüsselanhänger, nicht zu verwechseln mit Schlüsselbändern oder Lanyards, sind mit einzelnen oder mehreren Schlüsseln verbunden und stellen in vielfacher Weise eine Erleichterung dar. Zunächst ist das die Zuordnung der Schlüssel zum passenden Schloss, wenn auf dem Anhänger der nötige Hinweis notiert wird. Aber auch durch ihre Größe oder manch technische Spielerei wie ein akustisches Signal sind Schlüssel mit Anhänger leichter wiederzufinden. Dabei gibt es Schlüsselanhänger in allen Formen, Farben, Größen und aus nahezu jedem Material. Dazu gehören auch Gebrauchsgegenstände wie Flaschenöffner, Taschenlampen, USB-Sticks, Taschenmesser oder Einkaufswagenchips, die als Schlüsselanhänger dienen. Deshalb werden sie häufig als Fan-Artikel, Souvenirs und Sammelobjekte verkauft. Im Internet ist sogar ein virtuelles Museum für Schlüsselanhänger von Wolfgang Engel zu finden: www.schluesselanhaenger.de (letzter Zugriff am 11.05.2020).

So ein Gott

Schlüsselanhänger gibt es in unfassbar vielen kreativen Farben und Formen. Angefangen bei den ganz einfachen mit Schildchen dran über Legofiguren, Fotoanhänger, Symbole bis hin zu Taschenmessern und singenden Einhörnern. In der Welt der Schlüsselanhänger ist alles möglich. Besonders eindrucksvoll finde ich jedoch recht einfache Schlüsselanhänger aus Filz, auf denen z. B. in großen Buchstaben das Wort „Zuhause“ zu lesen ist. Natürlich beeindruckt daran weder das Material noch die Machart, sondern allein die sieben Buchstaben. Denn es ist einfach genial zu wissen, wo man hingehört und an welchem Ort man zu Hause ist. Dabei ist für mich ein Zuhause ein Ort, an dem ich mich wohl, sicher und geborgen fühle. Ein echtes Zuhause ist ein Ort, an dem ich sein darf, wie ich bin, und geliebt werde. Wenn ich traurig bin, werde ich getröstet. Wenn ich müde bin, kann ich mich ausruhen. Wenn ich gefrustet bin, werde ich ertragen. Wenn ich hilflos bin, finde ich Halt, und wenn ich fröhlich bin, dann wird mit mir gelacht. Ich darf ankommen und bin angenommen.

Es ist einfach genial, solch ein Zuhause zu haben, und ich glaube: Wir alle sehnen uns danach! Ein sicherer Ort, an dem wir ein wertvoller und geliebter Teil der großen Familie sind und mit all dem versorgt werden, was wir brauchen. Genau so ein Zuhause haben wir bei Gott! Schon jetzt können wir das fühlen und erleben, wenn wir seine Nähe suchen, mit ihm leben, reden und von ihm hören. Denn bei Gott und mit Gott finden unser Herz und unsere Seele einen anderen, ganz besonderen Ort. Ein echtes Zuhause. Schon hier auf dieser Welt und erst recht, wenn unser Leben hier zu Ende geht und das neue, ewige Leben beginnt. Auf dem Weg dorthin kann und will z. B. die Bibel für uns wie ein himmlischer Schlüsselanhänger sein. Denn sie weist uns auf unser Zuhause bei Gott hin. Sie beschreibt ihn und verrät uns, was wir bei Gott finden, durch ihn haben und von ihm erwarten können. Es lohnt sich also, den himmlischen Schlüsselanhänger zu haben und zu kennen!

⇨ Ein Hausspiel rund um verschiedene Begriffe, Räume und Tätigkeiten, die wir von zu Hause her kennen, passt zum Thema der Andacht.

SCHNITTBLUME

Wer den Sohn Gottes hat, hat auch das Leben. Wer aber den Sohn nicht hat, hat auch das Leben nicht.
1. Johannes 5,12

Lebe in Gott verwurzelt!

Leben, Tod

So ein Ding

Schnittblumen dienen als Geschenk und zur Dekoration bzw. als Teil von Gestecken, Buketts oder Blumensträußen und werden längst eigens dafür gezüchtet. Sie kommen aus den unterschiedlichsten Pflanzengruppen und haben als Merkmal den langen, geraden Stiel. Der Umsatz, der mit Schnittblumen weltweit erreicht wird, ist famos! So verdient der Online-Blumenversand jährlich gut 300 Millionen Euro und in Deutschland wurden 2017 allein am Valentinstag knapp 60 Millionen Euro für Blumen ausgegeben. Dabei währt die Freude an Schnittblumen nur einige Tage. Denn trotz guter Pflege, ausreichend Wasser, dem idealen Schnitt des Stiels und der Zugabe von Frischhaltemitteln kann ein Verwelken der Blumen zwar hinausgezögert, aber niemals verhindert werden.

So ein Gott

Wiesen voller Blumen zum Selberpflücken, Blumensträuße, Blumenkränze und farbenfrohe Gestecke sind wunderschön anzusehen. Auch ist es sehr beeindruckend, wie viel Freude ein kleines Gänseblümchen bei einem Papa, eine Sonnenblume bei der besten Freundin oder eine Rose bei der Ehefrau auslösen kann. Blumen begeistern und sind oftmals wunderschön anzusehen. Doch wenn wir ehrlich sind, dann sind eben solche Schnittblumen längst dem

Tode preisgegeben. Ihre Farben leuchten und ihre Blütenblätter strahlen. Sie geben im Sterben alles, was sie noch geben können. Aber ihr Leben ist vorüber. Sobald Blumen von ihrer Wurzel getrennt werden, ist kein Leben mehr möglich. Auch wenn manche Schnittblume aufgrund der Züchtung heutzutage noch ein paar Wochen blüht – ohne die Verbindung zur lebensspendenden Quelle ist sie dem Tode preisgegeben.
Bei uns Menschen ist es nicht anders. Wir können lachen, leben, strahlen und leuchten und sind dennoch dem Tode preisgegeben. Von Geburt an ist klar, dass er für uns das Ende auf dieser Welt bedeuten wird. Aber der Tod muss nicht das Ende bleiben! Denn wir dürfen uns in Gott verwurzeln. Wir dürfen mit dem Schöpfer allen Lebens und dem König über Leben und Tod verbunden sein. Das bedeutet, dass wir mit einer unerschöpflichen, unauslöschlichen und unendlichen Quelle des Lebens verbunden sind. Schon hier auf dieser Welt können wir das erleben! Gott versorgt uns mit all dem, was wir wirklich brauchen. Dazu gehören Hoffnung, Kraft, Liebe, Mut und Geduld genauso wie gute Freunde, großartige Gaben und geniale Ideen. Wenn wir mit Gott verbunden und in ihm verwurzelt sind, dann werden wir wie Blumen strahlen. Aber nicht wie Schnittblumen, sondern wie Blumen im Garten, gepflanzt in frischer Erde – oder zumindest als Topfpflanzen – werden wir leuchten, aufblühen und Freude bereiten – und es wird kein Ende haben. Denn wir leben, leuchten und blühen nicht aus uns selbst heraus, sondern aus der Kraft, die wir von Gott bekommen. Die Wurzeln sind der kleine feine Unterschied, der ein großartiges Leben ausmacht – auf dieser Welt und im ewigen Leben danach.

⇨ Pflanzt gemeinsam viele Blumen im Garten oder für jede und jeden eine (Topf-)Blume als Erinnerung für Zuhause.

SCHNULLER

Gepriesen sei der Gott und Vater unseres Herrn Jesus Christus! Er ist ein Vater, dessen Erbarmen unerschöpflich ist, und ein Gott, der uns nie verzweifeln lässt.
2. Korinther 1,3

Bei Gott finden wir Trost.

Gottes Liebe, Trost

So ein Ding

Ein Schnuller besteht aus einem Mundteil und dem sogenannten Schild, das ein Verschlucken verhindern soll. Die kleinen Löcher darin können jedoch im allergrößten Notfall Leben retten, da ein Kind durch sie trotz eines verschluckten Schnullers noch ein wenig Luft atmen kann. Forscher gehen davon aus, dass Schnuller etwa zu der Zeit erfunden wurden, als die künstliche Ernährung von Säuglingen begann. Dies ist tatsächlich schon auf einem Relief aus Ninive aus der Zeit um 900 v. Chr. zu entdecken. In Europa war der sogenannte Lutschbeutel der Vorläufer des heutigen Schnullers und wurde im Mittelalter verwendet. Dazu wurden Stoffsäckchen mit einer süßen Masse aus z. B. Brot oder Äpfeln gefüllt. Unsere Schnuller aus Latex oder Silikon gibt es erst seit Ende des 19. Jahrhunderts. Sie bieten die Möglichkeit, das Bedürfnis des Saugens und Lutschens von Säuglingen auch neben dem Stillen kieferfreundlich zu befriedigen.

So ein Gott

Es ist wirklich beeindruckend, wie schnell sich viele Babys und Kleinkinder durch einen Schnuller beruhigen lassen. Bei Müdigkeit, Wut, Angst und sogar kurzfristig auch bei Hunger reicht es aus, den

Schnuller in ihren Mund zu stecken und schon scheint das Leben des Kindes wieder leicht und unbekümmert zu sein. Die Erklärung ist einfach: Das Nuckeln am Schnuller erinnert sie an die Brust der Mutter. Und für Babys gibt es keinen besseren und sichereren Ort, als auf dem Arm der Mutter zu sein. Dieses Gefühl, das der Schnuller vermittelt, trägt und stärkt manche Kinder bis ins Kindergartenalter hinein. Es geht um tiefe, vertraute und unerschütterliche Geborgenheit, um Sicherheit und Trost.

Je älter und größer Menschen werden, desto weniger spielt der Schnuller eine Rolle. Doch jede und jeder braucht und sehnt sich nach einem unerschütterlichen Gefühl von Geborgenheit und Trost. Denn egal wie alt wir werden, erleben wir Situationen, die uns Angst machen oder traurig werden lassen. Das kann z. B. der Zahnarztbesuch, das Gewitter am Himmel oder der Tod des Haustieres sein. Wie gut ist es dann zu wissen, wer uns Sicherheit, Halt und Trost geben kann. Es ist Gott! Er stellt jeden Schnuller weit in den Schatten, da seine Liebe und Kraft grenzenlos sind und sein Wesen ewig ist. In der Bibel lesen wir und im Alltag erleben wir, dass Gott jederzeit bereit ist, uns an seiner Macht und seinem Frieden teilhaben zu lassen. Dies kann durch eine Geschichte der Bibel, einen Traum, einen tröstenden Vers, ein Lied oder auch die Unterstützung einer Freundin oder eines Freundes geschehen. Unerschütterlich und ewig gilt uns Gottes Liebe. Deshalb kann und will er, besser als jeder Schnuller, unser Trost und Tröster sein.

⇨ Erzählt einander von Momenten und Erlebnissen, in denen ihr Gottes Stärke und Trost erfahren habt.

SCHOKOLADE

Dafür danke ich dir, es erfüllt mich mit Ehrfurcht. An mir selber erkenne ich: Alle deine Taten sind Wunder!
Psalm 139,14

Jede und jeder von uns ist einzigartig und wunderbar!

Einzigartig, Schöpfung

So ein Ding

Schokolade gehört zu den beliebtesten Süßigkeiten in Deutschland. So gibt es Studien, die herausgefunden haben, dass jede/jeder Deutsche im Jahr durchschnittlich gut 10 Kilogramm Schokolade isst (über 100 Tafeln)! Grundsätzlich besteht sie einfach aus Kakao, Zucker und zumeist Milch. Ihr Name stammt von den Azteken aus Mexiko, die schon früh ein bitteres Getränk aus Kakao, Wasser, Vanille und Pfeffer kannten. Nach der Entdeckung Amerikas kam die Kakaobohne durch Seefahrer auch nach Europa. Dort wurde sie zunächst gemahlen und zusammen mit Zucker und Honig zu einem Getränk weiterverarbeitet. Später wurde dann Schokolade lange Zeit vor allem als kräftigende Medizin und nicht als Lebens- oder Genussmittel verkauft. So, wie wir sie heute kennen und lieben, wird sie erst seit Ende des 19. Jahrhunderts von der bekannten Schweizer Schokoladenfabrik Lindt hergestellt.

So ein Gott

Wenn man im Supermarkt vor dem großen Schokoladenregal steht, kann man kaum glauben, dass alle Tafeln grundsätzlich aus den gleichen Zutaten bestehen. Doch ohne Kakaopulver und Zucker würde es keine Schokolade geben, ebenso wie Milch bei vielen Sorten zu den grundlegenden Bestandteilen gehört. Dabei sind es

eigentlich nur fünf Schokoladensorten: Bitter, Zartbitter, Halbbitter, Vollmilch und, ganz ohne Kakao, weiße Schokolade. Allerdings gibt es Schokolade längst auch z. B. in bio, lactosefrei und vegan von über 100 Herstellern und in unzählbar vielen Geschmacksvariationen. In den grundlegenden Bestandteilen zwar gleich sind es also die verschiedenen Rezepte, Zutaten und Feinheiten, die Schokolade so unterschiedlich und einzigartig machen. Dabei behauptet natürlich jeder Hersteller, dass seine Schokolade die Beste sei!
All das erinnert mich an uns Menschen. Denn ähnlich wie die Schokoladenhersteller denken auch wir manchmal, wir wären etwas Besseres als andere. Wir schauen sie abwertend an, wälzen unseren Frust und unsere Wut auf sie ab, machen unsere Witze auf ihre Kosten oder grenzen sie aus, weil sie scheinbar so anders sind. Doch da liegen wir falsch. Denn anders als bei Schokolade sind wir nicht unsere eigenen Hersteller. Sondern es ist Gott, der uns Menschen erschaffen hat. Wir alle kommen von dem einen – ganz egal in welchem Land und mit welcher Hautfarbe wir geboren sind. Gott hat uns Menschen (alle!) grundsätzlich aus Haut, Knochen, Muskeln, Zähnen, Hirn und Herz geschaffen. Er ist unser Schöpfer! Und obwohl wir Menschen alle grundsätzlich gleich sind, gibt es natürlich, wie bei Schokolade, Feinheiten, die uns unterscheiden. Kein Mensch gleicht dem anderen. Jede und jeder ist einzigartig! Und das geht weit über unser Äußeres hinaus. Denn auch unsere Stärken und Gaben, die Kreativität, Kraft und Begeisterung, die in uns stecken, oder unsere Träume und Ziele sind einzigartig. Deshalb gilt uns hier – und all den Menschen weltweit –, dass wir durch Gottes feine Schöpferhand unvergleichlich und wunderbar geschaffen sind.

⇨ Fingerabdrücke in geschmolzener Schokolade sind einzigartige Süßigkeiten zum Naschen und Verschenken oder aber eine schöne Erinnerung für dich. Dazu wird eine Schokoladentafel in Stücke gebrochen und so angewärmt, dass nur die Oberfläche etwas geschmolzen ist. Dann kann jedes Kind seinen Fingerabdruck in die Schokolade drücken. Die Schokolade kann nach dem Abkühlen verzehrt oder mit nach Hause genommen werden.

SCHORNSTEIN

Versündigt euch nicht, wenn ihr in Zorn geratet! Versöhnt euch wieder und lasst die Sonne nicht über eurem Zorn untergehen. Gebt dem Versucher keine Chance!
Epheser 4,26b-27

Es ist gut, Dampf abzulassen, bevor wir explodieren.

Wut, Zorn

So ein Ding

Schornsteine sind heutzutage meist senkrechte Konstruktionen, die an oder in Gebäuden, auf Schiffen oder Dampffahrzeugen zu finden sind. Den sichtbaren Teil, z. B. auf der Dachfläche eines Hauses, nennt man übrigens Schornsteinkopf. Schornsteine wurden bereits von den alten Römern entwickelt und genutzt, bevor sie wieder für Jahrhunderte in Vergessenheit gerieten. Mittlerweile sind sie aber aus Häusern, Fabriken oder von Schiffen und Dampflokomotiven nicht mehr wegzudenken. Abgesehen davon, dass sie auf diese Weise längst zu Markenzeichen von z. B. Schiffsreedereien geworden sind, dienen Schornsteine auch als wichtige Helfer im Alltag! Denn über sie entweichen gefährliche Rauchgase sowie schädliche Rußpartikel an die Luft und gleichzeitig strömt die notwendige frische Luft durch sie hinein, sodass der Verbrennungsvorgang im Kamin weiter funktioniert.

So ein Gott

Es gibt diese Tage, an denen unsere gute Laune schon beim Wachwerden zu sinken droht. Schule, Hausaufgaben, Ärger mit Freunden oder den Geschwistern bringen dann früher oder später das Fass zum Überlaufen – oder den Schornstein zum Dampfen! Denn

in uns haben sich so viel Frust, Enttäuschung und Wut angesammelt, dass es längst brodelt und die Hitze aufsteigt. Leider entscheiden wir uns in solchen Momenten oftmals dazu, das Falsche zu tun. Das bedeutet, wir schreien den Bruder an, ziehen der Schwester an den Haaren, knallen den Eltern die Tür vor der Nase zu oder verletzen die Menschen, die uns gerade begegnen, mit deftigen Beleidigungen. Dabei wäre es so gut, in solch wütenden und frustigen Momenten an Schornsteine zu denken. Die lassen nämlich im wahrsten Sinne des Wortes Dampf ab, um Schlimmeres zu verhindern! Lebensgefährliche Gase werden durch sie an die Luft abgegeben, um Mensch und Maschine nicht zu gefährden.
Auch wir brauchen solch einen Schornstein für unsere Wut und unseren Zorn, um niemandem früher oder später zur Gefahr zu werden. Wir brauchen einen Ort zum Dampfablassen, um wieder zur Ruhe zu kommen. Dieser einzigartige Schornstein für uns Menschen ist Jesus Christus! Er kennt und durchschaut uns. Er weiß, was wir denken und fühlen, und liebt uns trotz – oder gerade wegen – unserer Fehler, Schwächen und Wut. Wenn wir ihm das abgeben oder voller Wut entgegenschreien, was in uns gerade brodelt und wütet, dann kann er Veränderung schaffen. Das erste Dampfablassen bei Gott bringt schon die stärkste Veränderung! Denn auf diese Weise geben wir dem Zorn in uns keine Macht mehr, sondern vertrauen unsere Wut der großartigen Macht Gottes an. Mit ihm zusammen kann jede und jeder von uns dann sogar, einem Schornstein gleich, den ganz eigenen Weg finden, um Dampf abzulassen. Das kann z. B. das Hören von Musik sein, Sport treiben, den Boxsack verprügeln, mit Farben ein einzigartiges Bild kreieren oder auch das eigene Musizieren.

⇨ Um zukünftig die eigene Wut zu bändigen, können Wutbälle oder -kissen genäht und/oder gestaltet werden.

SEIL

Wenn er mich ruft, dann antworte ich. Wenn er in Not ist, bin ich bei ihm; ich hole ihn heraus und bringe ihn zu Ehren.
Psalm 91,15

Jesus rettet uns aus aller Not.

Not, Retter

So ein Ding

Ein Seil besteht aus mehreren dünneren Seilen, Drähten oder Kordeln, die miteinander verdreht oder verflochten werden. Daraus entsteht letztlich ein langer, elastischer, biegsamer und zugleich schlaffer Gegenstand, der in vielerlei Weise genutzt und gebraucht wird. So kann man beispielhaft die Seefahrt, Vermessungsarbeiten, den Klettersport, das Tauziehen, das Bauwesen, das Abschleppen, Abgrenzen, Glockenläuten oder einfache Spiele nennen. Ein Seil oder eine Kordel taucht in vielen Lebensbereichen auf, dient als Helfer und fasziniert durch die Belastbarkeit und Flexibilität. Ein Seil besteht aus Metall oder Drähten, Kunstfasern wie Polyester oder Naturfasern wie Baumwolle, Flachs, Hanf und Sisal. Der Beruf des Seilers ist zwar schon auf Bildern aus dem alten Ägypten zu entdecken, gewann jedoch erst im Mittelalter an Bedeutung und wurde mittlerweile überwiegend von der Industrie abgelöst.

So ein Gott

So ein Seil ist ein kleines Wunderwerk. Es kann uns als Spring- oder Kletterseil sportlich herausfordern. Im Spiel kann es zum Lasso werden oder dabei helfen, den Bösewicht zu fesseln. Es kann an einem Kran, Lkw oder Abschleppwagen unglaubliche Lasten tragen und im Alltag einfach nur als Wäscheleine aushelfen. So ein Seil ist nicht zu unterschätzen. Ganz besonders wird dies in schwierigen und gefährlichen Situationen deutlich. Wenn wir beim Klettern den Halt verlieren, ist es das Seil, das uns trägt und hält. Wenn wir irgendwo hinein- oder hinunterrutschen, ist es das Seil, mit dessen Hilfe wir herausgezogen werden.

Doch es gibt in unserem Leben nicht nur solche Unfälle und Notsituationen, in denen uns ADAC, Feuerwehr, Rettungsdienst oder THW herausholen können. Sondern es gibt auch die Unfälle, die in unserem Herzen passieren. Angst, Sorge, Schuld, Verzweiflung und Fehltritte, die unsere Seele in Not bringen. Das kann der anstehende Besuch beim Zahnarzt, die Krankheit der Oma, die Freunde, die über uns lachen, oder die geklaute Schokolade im Supermarkt sein. Doch manchmal fühlt sich genau das so an, als wären wir ziemlich tief gefallen. Wir sitzen fest in unseren Gedanken, in den verletzten Gefühlen, in der Schuld, die uns niederdrückt, und in der Angst, das zu bekennen und auszusprechen, was uns runterzieht. Genau in solchen Momenten will Jesus unser Rettungsseil sein. Er will uns herausholen aus den dunklen Gedanken, der Angst und der Schuld. Und das kann er auch! Weil er uns als Herr und König durch und durch kennt. Weil er als Mensch auf dieser Welt gelebt hat und weiß, was zu unserem Leben alles dazugehört. Es gibt kein besseres Rettungsseil als Jesus, egal in welcher Grube oder welchem Loch wir auch festsitzen. Deshalb lohnt es sich, mit ihm zu reden und ihm unsere Not zu erzählen. Denn er wird antworten! Vielleicht durch ein Wort von ihm aus der Bibel, einen Traum oder eine Freundin oder einen Freund, die/der im richtigen Moment vorbeikommt.

⇨ Erzählt euch, wann und wie Jesus euch schon geholfen hat, und macht dazu jeweils Knoten in ein Seil. Daraus können dann im Anschluss z. B. Schlüsselanhänger oder Armbänder gebastelt werden.

SMARTIES®

Seht doch, wie sehr uns der Vater geliebt hat! Seine Liebe ist so groß, dass er uns seine Kinder nennt. Und wir sind es wirklich: Gottes Kinder!
1. Johannes 3,1a

Wir sind geliebte Kinder Gottes.

Gottes Liebe, Herz, Königskind

So ein Ding

Hinter dem Markennamen Smarties® stecken bunte, mit einer Zuckerglasur umhüllte Schokolinsen. Sie wurden anfänglich in England produziert, kamen dann ab 1962 auch in Deutschland auf den Markt und gehören erst seit 1988 zu Nestlé. Smarties® gibt es in acht verschiedenen Farben, wobei 1989 das Hellbraun durch ein Blau ersetzt wurde. Im Vergleich zu den Schokolinsen der Firma M&Ms® fehlt den Smarties® zwar der Aufdruck eines Buchstabens, doch dafür schlagen sie ihre Konkurrenz mit ihrer Originalgröße. Geschmacklich macht allein der Zuckerüberzug den Unterschied, da sich die Schokolinse selbst nur in unmerklichen 5% Schokoladenanteil unterscheidet.

So ein Gott

Es ist beeindruckend, wie sehr wir Menschen uns von Äußerlichkeiten beeinflussen lassen. Und das fängt schon bei Smarties® an. Denn es gibt tatsächlich Leute, die z. B. nur die dunklen Smarties® essen und die gelben keinesfalls verzehren möchten. Dabei ist der Geschmacksunterschied unerheblich. Allein die äußere Farbe entscheidet über das Begehren oder die manchmal so lächerliche und für andere unverständliche Ablehung.

Leider entscheiden wir Menschen nicht nur bei Smarties® immer wieder aufgrund von Äußerlichkeiten. Auch im Miteinander treffen wir nur allzu gern vorschnell unsere Entscheidungen. Da gibt es die mit schiefen Zähnen, einer dicken Brille, einem schrecklichen Lachen, viel zu dünnen Beinen, einer blöden Frisur, einem fremden Dialekt, einem dicken Bauch, einer anderen Hautfarbe oder einer Behinderung. Ohne einander zu kennen, entscheiden wir beim ersten Blick allein vom Äußeren her, ob die oder der andere dazugehören darf oder nicht. Es ist grausam und erschreckend, wie ganze Völker verachtet, verspottet und verletzt werden, weil sie auf den ersten Blick eben nicht so sind wie wir.
Dabei wählen wir viel zu oft den falschen Maßstab! Denn das, was wirklich zählt, ist weder Haut noch Haar, so wie bei den Smarties® die Farbe nur Zuckerguss ist und es eigentlich um die Schokoladenlinse geht. Es geht um das, was in uns steckt. Es geht um unser Herz, unsere Haltung, unsere Werte. Und genau darauf kommt es Gott an. Gott schaut tief in uns hinein. Er weiß, wonach wir uns sehnen, was wir uns wünschen und womit wir zu kämpfen haben. Der äußere Schein spielt für Gott keine Rolle. Sondern es ist sein ehrlicher, tiefer, väterlicher und liebevoller Blick, der jeder und jedem von uns gilt. Denn wie ein guter Vater seine Kinder kennt und liebt – bis über den Tod hinaus – gilt Gottes Liebe uns mit allem, was uns ausmacht. Ganz besonders mit dem, was in uns steckt. So kann manch eine oder einer sicher noch reichlich viel an Herzlichkeit von Menschen mit Behinderungen lernen. Oder an Motivation von Ausländern, die kommen und in wenigen Wochen unsere Sprache lernen. Doch schon jetzt gilt ihnen und uns Gottes väterliche Liebe. Ja, wir dürfen seine Kinder sein – mit und ohne Zuckerguss.

⇨ Ähnlich wie mit buntem Sand können Flaschen dekorativ mit bunten Schokolinsen gefüllt werden.

SONNE

Heilig, heilig, heilig ist der Herr, der Gott, der die ganze Welt regiert, der war und der ist und der kommt!
Offenbarung 4,8b

Gott ist ewig, heilig, mächtig und uns dennoch unvergleichlich nah.

Ewig, Herrlichkeit, Nähe Gottes

So ein Ding

Auch wenn es fast unglaublich klingt: Die Sonne ist im Blick auf das unüberschaubare Weltall nur ein durchschnittlicher Stern! Sie hat im Vergleich zu anderen Sternen keine herausragende Größe oder Strahlkraft. Doch sie ist die Mitte unseres Sonnensystems und nur sie macht ein Leben auf der Erde möglich. Denn Menschen, Tiere und Pflanzen brauchen das Licht und die Wärme, die von ihr ausgehen. So leuchtet uns auch nur deshalb nachts der Mond, weil er von der Sonne angestrahlt wird. Als einer von acht Planeten kreist unsere Welt um die etwa 150 Millionen Kilometer entfernte Sonne, die über 100-mal dicker ist als die Erde. In ihrem Inneren herrschen unvorstellbare 15 Millionen Grad Celsius und an ihrer Oberfläche noch etwa 5.500 Grad Celsius.

So ein Gott

Ohne die Sonne wäre das Leben auf unserer Erde nicht möglich. Sie hat so viel Wärme, Energie und Licht in sich, dass wir daran teilhaben können – ja, davon leben können. Sie strahlt und leuchtet, erwärmt unsere Luft, den Boden und die Meere. Die Sonne beeinflusst Klima, Wind und Wetter. Sie war nötig, damit Leben auf der Erde entstehen konnte, und wir brauchen sie bis heute jeden Tag, damit das Leben weiter möglich ist. Deshalb ist die Sonne auch in

der Nacht, an trüben Tagen und hinter den dicksten Sturm- und Regenwolken noch zu finden. Sie ist einfach immer da, heiß, hell, strahlend, mächtig und lebensnotwendig. Doch bei all der Faszination ist es für uns lebenswichtig, dass wir der Sonne nicht zu nah kommen. Jeder Sonnenbrand auf unserer Haut zeigt, wie heiß, machtvoll und zerstörerisch sie sein kann. Umso mehr können wir darüber staunen, dass unsere Erde genau so weit von der Sonne entfernt ist, dass wir genug Licht und Wärme zum Leben von ihr bekommen, ohne dabei zu verglühen.
Es ist ein wahres Wunderwerk Gottes, wie er diese Welt und die Sonne geschaffen und zueinander positioniert hat. Einfach perfekt! Wenn wir uns die Sonne anschauen, dann verrät sie uns noch viel mehr über Gott als nur seine schöpferische Genialität. Denn auch wenn die Sonne in der Mitte unseres Sonnensystems ihren Platz gefunden hat, ist es Gott selbst, der das wahre Zentrum allen Lebens ist. So steht gleich zu Beginn der Bibel geschrieben, dass Gott die Sonne, das Licht, erschaffen hat. Er war also schon da, noch bevor die Sonne zum ersten Mal erstrahlte, und er wird noch da sein, wenn sie irgendwann einmal verglüht. Weiter erzählt die Bibel immer wieder davon, wie hell, strahlend und mächtig unser Gott ist. Er hat alles in seiner Hand. Alles Licht, alle Wärme und alles Leben kommt von ihm. Kein Sonnenstrahl kann so leuchten wie er. Doch hat er sich, anders als die Sonne, für uns Menschen berührbar gemacht. In Jesus Christus ist er Mensch geworden, um uns, trotz seiner Macht und Heiligkeit, nahe zu sein. Er will das Leben für und mit uns. Deshalb kann uns die Sonne jeden neuen Tag an Gottes Herrlichkeit, seine Wärme und sein Licht erinnern. Denn er ist da, immer und überall.

⇨ Das Lied „Neu, neu, neu ist jeden Morgen deine Liebe“ (Kinder feiern Jesus, Nr. 24; Thomas Klein) kann gemeinsam gesungen werden.

SONNENBLUME

Der Herr segne euch und beschütze euch! Der Herr blicke euch freundlich an und schenke euch seine Liebe!
4. Mose 6,24-25

Richte dein Leben auf Gott aus.

Ausrichtung, Bibel

So ein Ding

Die Sonnenblume gehört zur Familie der Korbblütengewächse, hat nicht nur gelbe, sondern auch orangene bzw. leicht rote Blütenblätter und kann von etwa 30 Zentimeter bis über 4 Meter groß werden. Ihre Blütezeit ist von Juli bis Oktober. Ihre Samen, die Sonnenblumenkerne, sind beliebt und gesund. Man kann sie nebenbei knabbern oder als kleine Zutat dem Salat beifügen. Doch vor allem wird aus ihnen das wertvolle Sonnenblumenöl gewonnen, das wiederum zu Margarine weiterverarbeitet werden kann. Nachdem Sonnenblumen bereits von den Azteken in Mexiko verehrt wurden, kamen sie dank der Seefahrer nach Europa. Das Besondere dieser Blume ist jedoch, dass sie zu den Pflanzen gehört, die sich immer wieder dem Sonnenlicht zuwenden. Der Grund dafür ist ein ungleiches Wachstum aufgrund eines besonderen Stoffes in der Pflanze, das Hormon Auxin, sowie ein flexibles Detail unterhalb der Knospe.

So ein Gott

Sonnenblumen gehören mit zu den beliebtesten Blumen in Deutschland. Woher genau ihr Name stammt, kann ich nicht sagen. Doch ich weiß, dass es nicht nur die gelben strahlenartigen Blütenblätter sind, die eine Sonnenblume mit der Sonne verbinden. Denn das Besondere an ihr ist, dass sie ihren Kopf zur Sonne hin ausrichtet. So wie die Sonne jeden Tag an unserem Himmel von Osten nach Westen wandert, dreht sich auch der Kopf der Sonnenblume mit. Abends dann kehrt sie ihre Blüte wieder nach Osten zurück, um sich am nächsten Morgen erneut der Sonne zuzuwenden. Es ist faszinierend, wie die Sonnenblume aus sich heraus zu wissen scheint, wie sie ein bestmögliches Leben und Wachstum erleben kann. Ja, es begeistert mich, dass sich die Sonnenblume von sich aus so ausrichtet, damit sie genügend Licht und Wärme bekommt. Und dies macht sie jeden Tag – unermüdlich.

An genau dieser Stelle können wir Menschen noch viel von der Sonnenblume lernen. Denn auch wir sind eingeladen, uns dorthin auszurichten, wo wir mit all dem versorgt werden, was wir zum Leben brauchen. Wir sind eingeladen, uns dem zuzuwenden, der uns ein bestmögliches Leben und Wachstum verspricht. Damit ist nicht nur die Körperlänge gemeint, sondern vor allem die innere Größe.

Es geht um Herzenshaltung, Gaben, Werte, Handeln, Reden und Denken. Wir sind eingeladen, uns Gott zuzuwenden und uns auf ihn und auf sein Wort auszurichten. Denn in seinem Wort finden wir gute Maßstäbe, wertvolle Richtlinien und Halt für unser Leben. Auch können wir durch Gott manch gute Freundin oder guten Freund finden und sind Teil seiner großartigen weltweiten Familie. Zudem werden wir bei Gott mit allem versorgt, was wir zum Leben brauchen. Das fängt bei Liebe, Anerkennung, Trost und Kraft an und endet ... niemals. Jede Sonnenblume weiß, wo sie das findet, was sie braucht. Sie sucht es jeden Tag neu. Das können wir auch!

⇨ Gestaltet eine Sonnenblume, die als Lesezeichen für die Bibel verwendet werden kann.

SPAGHETTI

Ich gebe euch ein neues Herz und einen neuen Geist. Ich nehme das versteinerte Herz aus eurer Brust und schenke euch ein Herz, das lebt.
Hesekiel 36,26

Gottes Liebe verändert Herzen, Denken und Handeln.

Berufung, Gottes Liebe

So ein Ding

Spaghetti sind Nudeln, die normalerweise aus Weizen bestehen, jedoch teilweise auch mit Eiern hergestellt und demnach dann als „Eierteigwaren“ angeboten werden. Jede einzelne Spaghetti ist 25 cm lang und hat gekocht einen Durchmesser von etwa zwei Millimeter. Die Nudel sowie die Bezeichnung stammen aus Italien. Ins Deutsche übersetzt bedeutet „Spaghetti“ so viel wie „Schnürchen“ bzw. „kleine Schnüre“. Besonders gern werden Spaghetti zusammen mit Tomatensoße, Bolognese, Carbonara, Pesto, Oliven und Öl, Zucker und Zimt oder einfach nur mit Ketchup gegessen. Allerdings möchte ich erwähnen, dass es rund um die Spaghetti mehrere Hundert Rezeptvariationen gibt! Nicht zuletzt deshalb ist es für uns heute wohl kaum vorstellbar, dass Spaghetti erst seit gut 60 Jahren bei uns in Deutschland bekannt und beliebt sind.

So ein Gott

Spaghetti gehören zu den beliebtesten Nudeln von Kindern. Dabei ist es gar nicht so einfach, sie gut und ordentlich aufgerollt in den Mund zu bekommen. Kein Wunder also, dass viele ihre Spaghetti lieber klein schneiden, bevor sie verspeist werden. Schon vor dem Kochen wandert so manches Stück der harten Nudel in unsere

Münder. Vielleicht ist es das Knacken, das es für uns beim Naschen so besonders macht. Doch der leckere Geschmack der Nudel und die eigentliche Konsistenz kommen erst durch das Kochen zur Geltung. Das ist ihre Bestimmung!

Und genau an diesem Punkt gibt es eine Ähnlichkeit zwischen uns und Spaghetti! Alles beginnt damit, dass die Nudeln schon in der Packung eindeutig als Spaghetti erkennbar sind, obwohl sie zunächst noch hart und kaum genießbar sind. Auch wir sind von Geburt an eindeutig als Menschen – als Geschöpfe Gottes – zu erkennen, obwohl wir zu diesem Zeitpunkt unsere Bestimmung noch längst nicht entdeckt oder erreicht haben. Ebenso wie die Spaghetti, die einfach nur in der Packung steckt. Sie kann ihren Auftrag erst erfüllen, wenn sie eine gewisse Zeit in sprudelnd heißem Wasser kocht. Anders als die Spaghetti brauchen wir Menschen natürlich kein Bad in kochendem Wasser, um unsere Bestimmung – unseren Auftrag – zu entdecken. Wir brauchen Gott! Wir brauchen seine Liebe, die uns trägt, uns leitet und uns zu einer wahren Köstlichkeit werden lässt! Gemeint ist damit, dass durch Gottes Liebe und seinen guten Geist unsere Herzen, unser Denken und somit auch unser Handeln verändert wird. Das bedeutet, dass unsere oft so harten und ungerechten Herzen mit Liebe und Wertschätzung gefüllt werden, bis sie überlaufen und andere daran teilhaben lassen. Aber auch unsere rohe und immer wieder verletzende Art werden wir dank Gottes Liebe und seinem kraftvollen Geist verändern können. Ganz zu schweigen von den noch unausgereiften Gaben, die in uns stecken! Denn mit Gottes Hilfe werden sie in und durch uns Großartiges bewirken können.

So wie harte und rohe Spaghetti durch kochendes Wasser zu einer wahren Köstlichkeit werden, können auch wir dank Gottes Liebe zu einer einmaligen Köstlichkeit werden – für ihn und andere.

⇨ Mithilfe von Spaghetti können z. B. Ringe und Fingerhüte transportiert werden. Auch kann beim gemeinsamen Spaghettiessen darüber gesprochen werden, welche Gaben und Stärken in euch stecken und welche Möglichkeiten es gibt, andere damit zu begeistern.

STERNENHIMMEL

Auch ihr gehörtet einst zur Finsternis, ja, ihr wart selbst Finsternis, aber jetzt seid ihr Licht, weil ihr mit dem Herrn verbunden seid. Lebt nun auch als Menschen des Lichts!
Epheser 5,8

Wir sind Gottes Lichter in der Welt.

Licht, Nachfolge

So ein Ding

Fern von allen Lichtern können wir nachts z. B. in der Wüste oder auf Bergen 3.000 bis 6.000 Sterne entdecken. Im gesamten Weltraum gibt es jedoch Unzählige, die wir nicht einmal mit Raketen erreichen könnten. Es ist also allein der Entfernung geschuldet, dass Sterne im Vergleich zur Sonne so viel schwächer zu leuchten scheinen. Denn grundsätzlich kommt ihr starkes Leuchten vom stets verbrennenden Wasserstoff. Ist auf diese Weise der gesamte Sternen-Wasserstoff in Helium verwandelt worden, verändern sich Sterne. Sie können schrumpfen und erkalten oder aber explodieren. Sterne dienen seit jeher zur Orientierung. So weiß man genau, wo Norden ist, wenn man den Polarstern kennt und entdeckt. Aber auch die feststehenden Sterne können den richtigen Weg weisen. Dazu ist natürlich eine genaue Beobachtung und eine gewisse Kenntnis von Nöten. Übrigens haben, allem Aberglauben zum Trotz, Sterne keinerlei Einfluss auf unseren Tages- oder Lebenslauf. Dafür sind sie viel zu weit entfernt.

So ein Gott

Sterne am Nachthimmel faszinieren uns Menschen seit jeher. Es ranken sich Mythen um sie, die davon erzählen, dass Sterne aus Feuer

oder von den Göttern der Antike gemacht worden wären. Auch ist es nur allzu beliebt, aufgrund der Sterne am Himmel Horoskope zu schreiben und somit ein Leben zu deuten. Doch kann ich nicht glauben, dass Millionen Kilometer weit entfernte leuchtende Himmelskörper tatsächlich Einfluss auf ein Leben haben können. Viel lieber schaue ich in die Bibel und entdecke schon auf den ersten Seiten, dass Gott die Sterne für uns geschaffen und am Himmel platziert hat, damit wir Lichter in der Dunkelheit haben. Lichter, die uns helfen, den Weg zu finden, die uns Sicherheit geben und uns das erkennen lassen, was wichtig ist – besonders in der Dunkelheit. Sterne sind also ein Geschenk Gottes an uns.
Aber nicht nur das, sondern Sterne sind uns auch ein leuchtendes Vorbild! So wie sie sollen auch wir leuchten. So wie sie sollen wir in unseren Familien, in unserer Klasse, im Sportverein, bei der Hausaufgabenhilfe oder in der Gemeinde leuchten. Wir sind von Gott beauftragt worden, Licht zu sein. Wir dürfen in seinem Namen anderen Menschen Mut machen und Trost spenden. Wir können mit Liedern, Bibelversen oder einer helfenden und tröstenden Hand andere unterstützen oder durch unsere Freundschaft Sicherheit geben. All dieses Leuchten und Strahlen muss und kann aber nicht aus uns selbst herauskommen. Sondern Gott ist es, der uns die Kraft und die Ideen zum Leuchten gibt. Wenn wir uns in Gottes Licht stellen, dann werden wir selbst zu Lichtern werden. Denn unser Auftrag ist es, Sterne Gottes zu sein.

⇨ Ein Suchspiel im Haus oder als Geländespiel mit Leuchtsternen in der Dunkelheit passt zum Thema.

STOPPUHR

Meine Lieben, eines dürft ihr dabei nicht übersehen: Beim Herrn gilt ein anderes Zeitmaß als bei uns Menschen. Ein Tag ist für ihn wie tausend Jahre, und tausend Jahre wie ein einziger Tag.
2. Petrus 3,8

Zeit ist ein Geschenk Gottes.

Geschenk, Zeit

So ein Ding

Eine Stoppuhr wird gebraucht, um einen genauen Zeitabstand zu messen. Dies geschieht z. B. in der Physik, bei Produktionsabläufen der Industrie oder auch bei Schachturnieren. Vor allem sind uns Stoppuhren jedoch durch Wettspiele und den Sport bekannt. Denn sie messen bis auf die Millisekunde genau den Zeitunterschied zwischen einem Start und einem Stopp. Dabei hat eine klassische Stoppuhr keine Uhrzeitanzeige, sondern besteht lediglich aus dem Zeitmessgerät und zwei Tasten. Eine davon ist allein für die Pausenfunktion zuständig. Die zweite muss für jede Messung mehrmals gedrückt werden: 1. um die Messung zu starten, 2. um die Messung zu beenden und 3. um die Uhr wieder auf null zurückzustellen. Während heute Stoppuhren in jedem Handy oder Smartphone zu finden sind, wurden die klassischen Stoppuhren 1936 zum ersten Mal bei Olympischen Spielen verwendet und die digitalen erst ab 1970 verkauft.

So ein Gott

Jeder neue Tag hat 24 Stunden. Das bedeutet, dass wir jeden Tag 1.440 Minuten oder aber 86.400 Sekunden zur Verfügung haben. Bestenfalls schlafen wir davon 8 Stunden, sodass wir immer noch

16 Stunden oder 960 Minuten Zeit haben, um sie zu gestalten. Im Jahr sind es also ganze 350.400 Minuten, die jeder und jedem von uns zur Verfügung stehen. Das ist eine unfassbare Zahl und zugleich ein grandioses Geschenk Gottes! Trotzdem gibt es Tage, an denen uns die Zeit scheinbar davonläuft. Da sind die Hausaufgaben, der Sportverein, das Zimmeraufräumen, Klavierüben und natürlich die Whatsapp-Freunde und das Handy- oder Computerspiel. Vieles ist in unserem Leben genau getimt. Und dabei haben wir noch so viele schöne Momente nicht erlebt, die ebenfalls unsere Zeit in Anspruch nehmen möchten. Denn auch das Ausschlafen am Wochenende, das Eisessen mit Freunden, der Kinoabend oder das Weiterlesen im Lieblingsbuch füllen unseren Tag und stibitzen unsere Zeit.

Dabei hat Gott uns doch so viel Zeit geschenkt! Jeden Tag neu – ein ganzes Leben lang. Die Frage ist also, was wir daraus machen. Es gibt genug Ideen und Möglichkeiten, wie wir jede Minute füllen können: mit Aufgaben, chillen, chatten, spielen, lümmeln, zocken, kicken und noch so vielem mehr. All das hat auch seinen Wert und braucht seine Zeit! Doch dabei vergessen wir viel zu schnell, wem wir unsere Zeit zu verdanken haben, wer sie uns zur Verfügung stellt. Bei allem, was unser Leben und unseren Alltag füllt, vergessen wir so oft, Gott danach zu fragen, was er für Ideen, Pläne und Wünsche mit uns und unserer Zeit hat. Dabei ist er der Herr aller Zeiten! Deshalb lohnt es sich, schon morgens mit ihm in den Tag zu starten, zu beten. Und auch mitten am Tag ist es gut, immer wieder an ihn zu denken und nachzufragen, was jetzt dran, zu tun oder zu lassen ist, um gute Entscheidungen für und mit unserer Zeit zu treffen. Denn jede Zeit ist Gottes Zeit!

⇨ Alle sollten eine Karte, ein Lesezeichen oder einen Wecker mit folgendem Morgengebet bekommen:
„Lieber Vater, ich danke dir, dass du mich mit in deinen Tag hineinnimmst. Danke, dass du mich begleiten wirst. Lass mich erkennen und verstehen, was du heute für mich und mit mir geplant hast. Ich freue mich auf diesen Tag mit dir. Amen."

STRUMPFLOCH

Lasst also nicht zu, dass euer sterblicher Leib von der Sünde beherrscht wird. Gehorcht nicht seinen Begierden!
Römer 6,12

Gib der Sünde keine Macht!

Schuld, Vergebung

So ein Ding

Strümpfe sind Kleidungsstücke für Füße. Dabei gibt es zwar grundsätzlich eine Unterscheidung zwischen Strumpf und Socke (der eine ist länger, die andere kürzer), doch umgangssprachlich werden sie meist synonym verwendet. Obwohl Strümpfe scheinbar schon bei den "alten" Römern bekannt waren, gelten als ihre Vorläufer sogenannte Fußlappen, die vor etwa 700 Jahren zunächst mit den Hosen verbunden waren und später wieder getrennt von ihnen getragen wurden. Mittlerweile gibt es sie in verschiedenen Größen, aus unterschiedlichen Materialien und in allen Farben und Farbkombinationen, die man sich vorstellen kann. Das hier wichtige Strumpfloch kann auf vielerlei Weisen entstehen. Zum einen durch Abnutzung, eine grobe Verletzung durch z. B. eine Schere, durch zu lange Zehennägel oder aber durch eine zunächst kleine und unscheinbare Verletzung des Gewebes. Jeder noch so kleine Schaden am Strumpf führt schnell und unweigerlich zu einem unübersehbaren Loch.

So ein Gott

Strumpflöcher können nervig und unangenehm sein. Sie zwicken am Fuß, der Zeh wird kalt oder es ist beim Schuhausziehen einfach nur peinlich. In solchen Momenten stellt sich die Frage: Wo kommt

das große Loch so plötzlich her? Nur wenige Löcher sind von Anfang an so groß, dass es peinlich werden kann. Meistens fängt es im Strumpf klein und harmlos an. Ein kleines, fast unsichtbares Loch oder der immer dünner und dünner werdende Stoff sind der Anfang. Die Haut schimmert nur ein bisschen durch, sodass es uns nicht weiter stört. Aber dann wird das Loch schnell und unaufhaltsam größer. Früher oder später gibt es keine Rettung mehr. Der Strumpf gehört in die Tonne.
Leider lässt sich unser Leben mit einem solchen Strumpf vergleichen. Einfach klasse, wenn alles stimmt und heil ist. Aber viel zu schnell passiert es, dass etwas schiefläuft. Ganz klein und unscheinbar fängt es an, indem wir uns für eine Notlüge entscheiden, anstatt die Wahrheit zu sagen. Oder indem wir andere verletzen und niedermachen, um selbst besser dazustehen. Die Bibel nennt solche Dinge Sünde und warnt uns davor, weil sie sich heimlich in unsere Herzen, Hände, Gedanken und Münder einschleichen kann. Denn nach der ersten kleinen Lüge muss die zweite folgen, damit wir uns selbst nicht verraten. Nach dem ersten coolen Clou inmitten der starken Jungs können wir doch nicht klein beigeben. Die Sünde, unsere Schuld, frisst Löcher in unser Herz – und die werden immer größer. Irgendwann fühlen wir uns wie ein löchriger Strumpf. Da ist nichts mehr heil, nichts mehr zu gebrauchen und scheinbar nichts mehr liebenswert.
Aber das muss nicht sein! Niemand von uns muss kaputt und verloren im Müll landen! Denn Gott selbst bietet uns an, unser Herz und unsere Seele zu heilen – uns die Schuld zu vergeben. Wir müssen sie dafür jedoch benennen, unsere Fehler ernsthaft zugeben. Nur dann verliert unsere Schuld die Macht über uns, unsere Seele und unser Herz. Stattdessen wird Gottes Vergebung und Liebe neu in uns einziehen und unsere Herzens-Löcher stopfen, sodass sie nicht wieder zerreißen können.

⇨ Beim gemeinsamen Strumpfloch-Stopfen (mit Nadel und Faden) können tolle Gespräche entstehen. Man kann auch Strümpfe mit Stickmustern verschönern.

TAUCHERBRILLE

Der Herr hat mir geantwortet: „Ich sage dir, was du tun sollst, und zeige dir den richtigen Weg. Ich lasse dich nicht aus den Augen."
Psalm 32,8

Gott hat den Überblick und weist uns den Weg.

Bibel, Führung

So ein Ding

Die umgangssprachliche Bezeichnung „Taucherbrille" ist im eigentlichen Sinne falsch. Denn eine Brille ist für die Augen gedacht, während eine Maske auch die Nase miteinschließt. Insofern ist die korrekte, wenn auch seltene, Bezeichnung für diesen Gegenstand „Tauchermaske". Sie besteht aus Gummi oder Silikon, einer Sichtscheibe, sogenannten Dichtlippen, die das Eindringen von Wasser verhindern, und einem Gummiband für den Halt am Kopf. Selbstverständlich gehört sie mit zur Grundausstattung eines jeden Tauchers, da wir Menschen ohne Taucherbrille unter Wasser nur verschwommen sehen können. Das liegt daran, dass unsere Augen dafür geschaffen sind, in der Dichte der Luft zu funktionieren. Im Wasser werden Lichtstrahlen in einem anderen Winkel gebrochen und treffen so nicht mehr den richtigen Punkt auf unserer Netzhaut. Mit einer Taucherbrille gibt es dagegen genügend Luft zwischen Auge und Sichtscheibe, sodass wir auch unter Wasser scharf sehen können.

So ein Gott

Egal, ob wir mit Sauerstoffflasche oder angehaltener Luft ins Wasser springen: Unter Wasser gibt es eine grandiose Welt zu entdecken! Es gibt Fische, Korallen, kleine Krebse, Muscheln, wunderschöne

Steine oder den Tauchring auf dem Schwimmbeckenboden. Aber nur mit einer Taucherbrille können wir auch unter Wasser scharf sehen und mit einer gewissen Leichtigkeit unterwegs sein. Nur mit ihr erkennen wir Gefahren, können wir über Gottes geniale Schöpfung staunen und uns gut orientieren. An Land reicht dagegen die Sehkraft unserer Augen aus, wenn auch hin und wieder unterstützt von einer Brille.
Trotzdem fühlt es sich manchmal so an, als würde da etwas vor unseren Augen und in unseren Herzen verschwimmen. Plötzlich ist nichts mehr klar und uns geht der Durchblick verloren. Das kann ein Umzug sein, der neue Freund deiner Mutter, der Streit mit der besten Freundin, das Chaos im Kopf, wenn die Klassenarbeit beginnt, oder wenn wir uns einfach nicht entscheiden können, ob wir lieber Fußball oder Schlagzeug spielen wollen. Es gibt so viele Momente, in denen uns der Durchblick fehlt, und wir spüren, dass unsere Augen und Gedanken nicht ausreichen, um alles zu verstehen, zu begreifen und einen neuen guten Weg zu finden.
Genau in solchen Situationen will Gott unsere Taucherbrille sein! Denn er als König und Herr hat den Überblick über alles, was zu uns und unserem Leben dazugehört. Er hat uns fest im Blick und ist jederzeit bereit, uns einen guten Weg zu zeigen. Dazu müssen wir ihn jedoch in unsere chaotischen Momente mit hineinnehmen, ihm unsere Angst und Hilflosigkeit nennen. Wir sind herausgefordert, die Bibel zu lesen und sie als Wort Gottes und Gottes Wegweisung für wahr zu nehmen. Auch dann werden Situationen auf uns zukommen, die sich anfühlen wie „ins kalte Wasser geworfen". Aber wir werden sie nicht allein meistern müssen, sondern können uns Gottes Durchblick anvertrauen.

⇨ Meistert Labyrinthe: auf Papier, quer durch den Gemeinderaum, mit Taucherbrille, Sonnenbrille, ohne die vertraute Brille oder mit verbundenen Augen und angewiesen auf die Hilfe einer anderen Person.

TINTENKILLER

Sein Erbarmen hört niemals auf; er schenkt es allen, die ihn ehren, von einer Generation zur andern.
Lukas 1,50

Gottes Vergebung ist grenzenlos.

Schuld, Vergebung

So ein Ding

Unser heutiger Tintenkiller-Stift besteht normalerweise aus zwei Teilen. Auf der einen Seite ist die Stiftspitze, mit der die Tinte verschwindet. Auf der anderen Seite ist die zweite Stiftspitze, mit der Korrekturen darübergeschrieben werden können. Dabei ist die Bezeichnung „Killer" irreführend, da die Tinte lediglich durch eine bestimmte Substanz eingefärbt und somit für unsere Augen unsichtbar wird. Diese besondere Art der „Zauberstifte" werden seit den 1970er Jahren bei uns verkauft. Zuvor gab es aber schon andere Mittel, um Tinte zu entfernen, die unter den Namen Radierwasser oder Tintentod bekannt waren.

So ein Gott

Was wären Klassenarbeiten oder Hausaufgaben ohne Tintenkiller? Diese weltweit bekannten Zauberstifte leisten großartige Dienste. Denn dank des Tintenkillers können Rechtschreibfehler, Doppelungen oder überflüssige Kommentare am Seitenrand nicht nur verschwinden, sondern es kann sofort eine Berichtigung erfolgen. Das, was falsch war, ist unsichtbar geworden und spielt keine Rolle mehr. Übrig bleibt nur das korrekte Ergebnis. Ganz ähnlich funktioniert es mit dem Tipp-Ex®-Pinsel oder der Pocket Mouse, wenn wir nicht mit Tinte, sondern mit Kugelschreiber gearbeitet haben.

Leider passieren uns Fehler nicht nur beim Schreiben oder Malen auf Papier, sondern auch jeden Tag im Miteinander. Manchmal ganz eindeutig mit Schlägen, Tritten oder Worten, durch die wir andere bewusst verletzen. Und manchmal eher unscheinbar, indem wir nur die halbe Wahrheit sagen, um die Situation für uns zum Besten zu drehen. Wenn es z. B. um den Streich in der Schule, den Dreck zu Hause in der Küche oder um die Anerkennung der coolen Jungs geht, lassen wir uns schnell dazu verleiten, nicht mehr ehrlich, gerecht oder gar freundlich zu sein. Aber jede Notlüge, jeder Schwitzkasten, jede halbe Wahrheit und jedes verletzende Wort bleibt nicht ohne Folgen. Denn die Person, die es abbekommt, fühlt den Schmerz – ganz körperlich und manchmal bis tief hinein ins Herz. Und in der Person, die es ausgeteilt hat, wird meist das schlechte Gewissen wach. Ein Gefühl von Schuld, das wir alle kennen, weil wir alle Fehler machen.

Wäre unser Leben also ein Papier, sähe es sicher wild beschriftet aus. Auch viele unschöne Tintenkleckse wären zu finden. Doch genau das muss nicht so bleiben! Denn Gott möchte, ganz ähnlich wie ein Tintenkiller, unser Leben berichtigen. Er will, dass unsere Schuld und unsere Verletzungen keine Rolle mehr spielen und keine Macht mehr über uns und unser Leben haben. Und genau an diesem Punkt ist Gottes Wirken anders als das eines Tintenkillers! Denn während der Stift den Fehler nur unsichtbar werden lässt, kann und will Gott unsere Schuld, unser Versagen und unsere Verletzungen restlos von uns nehmen. Dazu müssen wir ihm nur zutrauen, dass seine Liebe und seine Vergebung stärker sind als alles, was sich in unserem Leben wie ein hässlicher Tintenklecks anfühlt.

⇨ Schreibt Schuld und Verletzungen auf ein Papier, betet und „killert“ sie dann weg, um z. B. den Bibelvers darüber zu schreiben.

TRAMPOLIN

Jesus sagt: „Ich versichere euch: Wenn euer Vertrauen auch nur so groß ist wie ein Senfkorn, dann könnt ihr zu dem Berg da sagen: ‚Geh von hier nach dort', und er wird es tun. Dann wird euch nichts mehr unmöglich sein."
Matthäus 17,20b

Gottes Kraft verstärkt, was in uns steckt.

Gaben, Veränderung

So ein Ding

Grundsätzlich ist ein Trampolin ein Sportgerät. Der Aufbau, bei dem mithilfe von Federn oder elastischen Seilen ein Sprungtuch in einem Metallrahmen befestigt wird, ist bei vielen Trampolinen gleich. Ausnahmen bilden beispielsweise aufblasbare oder in den Boden eingebaute Trampoline. Es wird erzählt, dass das Trampolinspringen im Zirkus erfunden wurde. Auslöser dafür waren wohl Trapezkünstler, die sich nach ihrer Show in das Sicherheitsnetz haben fallen lassen und dort noch einige Saltos gesprungen sind. Erste Trampoline wurden um 1930 in Amerika und dann in den 1950er Jahren auch in Deutschland hergestellt. Zunächst fand man sie nur in Sportvereinen, doch mittlerweile kann man Trampoline und ihre Springer auch in vielen Gärten, auf Jahrmärkten, in extra gebauten Hallen zur Freizeitbeschäftigung oder aber als Showprogramm im Fernsehen bewundern.

So ein Gott

Ein Trampolin ist ein Symbol für Sport, Training oder das totale Austoben nach langweiligen Schul- und Regentagen. So ist es faszinierend zu erleben oder zuzuschauen, wie wir sekundenlang immer

und immer wieder hoch in der Luft schweben können. Allerdings können wir das nicht aus eigener Kraft. Wir brauchen das Sprungtuch und die Federn, die unser Springen verstärken. Dabei müssen wir aber den ersten Impuls geben und unsere Kraft einsetzen, um die Bewegung zu starten. Mit ein bisschen Übung fliegen wir dann bald kreativ, wild und akrobatisch hoch hinaus. Unsere Perspektive, die Sicht der Dinge und unsere Möglichkeiten verändern sich auf einem Trampolin – leider nur wenige Sekunden lang.
Bei Gott ist das ein bisschen anders. Ähnlich wie ein Trampolin will er uns Schwung und Kraft geben – dies jedoch ein Leben lang! Gott will das, was in uns steckt, verstärken und uns helfen, neue Perspektiven und Möglichkeiten zu entdecken. Das betrifft z. B. die Gaben und Stärken, die jede und jeder von uns hat. So können wir Gott fragen, wie wir mit unserer Liebe zur Musik, mit unserer Kreativität, unserer Vorliebe für Witze oder mit unserer Leidenschaft fürs Essen Gutes bewirken können. Gleichzeitig dürfen wir von Gott aber auch erwarten, dass er uns und unsere Gaben wirklich gebrauchen kann. Wir dürfen von Gott erwarten, dass ihm unser Vertrauen nicht egal ist, sondern dass wir durch den Glauben an ihn Großartiges erleben werden. Bei einem Trampolin lässt uns die Kraft der Federn, der elastischen Seile und Stoffe fliegen. Im Leben ist es Gottes Kraft in uns, die Faszinierendes bewirken kann, Bewegung schenkt und Dinge möglich macht, die uns allein unmöglich wären. Dabei dürfen wir eines nicht vergessen: Kein Trampolin kann uns in die Luft schleudern, wenn wir einfach nur faul und bewegungslos draufliegen. Wir müssen aktiv werden, uns und dem Trampolin etwas zutrauen. Genauso wie in der Beziehung zu Gott. Also lasst uns Gott vertrauen und Großartiges von ihm erwarten!

⇨ Schreibt auf Zettel, welche Gaben ihr Gott (ernsthaft) anvertrauen und zur Verfügung stellen wollt. Gestaltet aus z. B. Fliegengitter ein symbolisches Trampolinnetz und befestigt daran die Zettel. Nach einigen Wochen könnt ihr prüfen, ob Gott – mit und durch euch – etwas verändert hat. Zudem solltet ihr, wenn möglich, nacheinander Trampolin springen!

ÜBERRASCHUNGSEI

Sobald Jesus getauft war, stieg er aus dem Wasser. Da öffnete sich der Himmel, und er sah den Geist Gottes wie eine Taube auf sich herabkommen. Und eine Stimme aus dem Himmel sagte: „Dies ist mein Sohn, ihm gilt meine Liebe, ihn habe ich erwählt."
Matthäus 3,16-17

Wir glauben an den einen Gott als Vater, Sohn und Heiligen Geist – drei Personen und doch eins.

Dreieinigkeit, Glaube

So ein Ding

Das Überraschungsei ist ein Produkt der italienischen Firma Ferrero und wir können es in Deutschland seit 1974 kaufen. Typisch für diese besondere Süßigkeit ist die braun-weiße Schokoladenhülle in Eiform und das meist gelbe Plastikei im Innern, das mit einem Spielzeug gefüllt ist. Besonders beliebt sind dabei die kleinen Figuren, die bis Anfang der 1980er Jahre immer nur einzelne Figuren aus Disney-Filmen darstellten. Mit den Schlümpfen gab es damals die erste Serie und seitdem jährlich etwa 20 solcher Figurenserien weltweit. Zu den bekanntesten gehören sicherlich die Tapsi Törtels, Happy Hippos und die Funny Fanten. In den vergangenen Jahren waren rund um Weihnachten auch Figuren zu aktuellen Kinofilmen wie „Herr der Ringe" zu entdecken. Darüber hinaus stecken in Überraschungseiern aber auch gut 150 Spielzeug-Bausätze pro Jahr. Der Schöpfer dieser besonderen Süßigkeit, William Salice, verstarb im Dezember 2016.

So ein Gott

Ein Überraschungsei besteht grundsätzlich aus drei Teilen plus Verpackung. Es sind die Schokolade, das gelbe Ei und das kleine Spielzeug in der Mitte. Einzelteile, die im Grunde nichts Besonderes darstellen. Es ist die Kombination, die das Überraschungsei zu dem macht, was es ist! Denn es wäre nicht dasselbe, wenn ich einfach einen Riegel Kinderschokolade, ein gelbes Plastikei und irgendein kleines Spielzeug verschenken würde. Natürlich würde die Schokolade trotzdem schmecken, man könnte das gelbe Ei ploppen lassen und mit dem Spielzeug spielen. Aber nur der genial aufeinander abgestimmte Dreiklang dieser Bestandteile machen das Überraschungsei so einmalig, faszinierend und besonders. Es sind drei – und doch nur eins!

Genauso genial, faszinierend, einmalig und dreiteilig ist der Gott, an den wir glauben! Da ist der himmlische Vater (Schokoladenei, das alles umgibt). Er ist der Schöpfer dieser Welt, der uns nach seinem Bild geschaffen hat und dessen Liebe uns gilt. Da ist Jesus Christus, der Sohn Gottes (gelbes Ei, öffnet den Weg). Er ist der König und Herr, der mit seinem Vater im Himmel und auf Erden regiert. Jesus, Gottes Sohn, wurde Mensch, um uns durch sein Leben Gottes Liebe erkennen zu lassen. Durch sein Sterben und Auferstehen schenkt er uns das ewige Leben. Und da ist Gottes guter Heiliger Geist (Spielzeug, mittendrin). Ein unsichtbarer Teil Gottes, der in uns lebt. Er lässt uns schon jetzt an Gottes Macht und Herrlichkeit teilhaben. Gott in uns, der uns leitet, stärkt, heiligt und eine unerschütterliche Verbindung zwischen Gott und uns darstellt.

Wir glauben an den einen Gott, der aus drei Teilen besteht und nur in dieser Kombination so einmalig, unersetzlich, liebenswert und großartig ist.

⇨ Ein Überraschungsei-Wettessen ohne Hände macht Spaß und ist lecker! Mit den gelben Hüllen kann ein Plopp-Konzert einstudiert werden. Die Spielzeuge können um die Wette zusammengebaut werden.

VASE

Er heilt alle, deren Herz zerrissen ist, und verbindet ihre Wunden.
Psalm 147,3

Gott kann heilen und erneuern.

Heilung, Wunden

So ein Ding

Eine Vase dient zum Aufstellen von Schnittblumen oder als pure Dekoration und ist grundsätzlich ein einfaches Hohlgefäß. Da ihr Material wasserfest sein sollte, werden Vasen meist aus Ton, Glas, Keramik oder Stein hergestellt. Allerdings gibt es längst auch Vasen aus Metall, Plastik oder Silikon. Ob mit oder ohne Henkel an ihren Seiten ist ihre typische Form der enge Hals und der dicke Bauch. In der Kunst- und Kulturgeschichte spielen Vasen eine wichtige Rolle. Denn alte Vasen bzw. einzeln gefundene Bruchstücke geben uns bis heute einen Einblick in die Kunst- und Lebenswelt vergangener Zeiten. Beeindruckend ist dabei der Wert, der mancher Vase zugeschrieben wird. So wurde im Jahr 2010 eine alte chinesische Vase für gut 60 Millionen Euro versteigert.

So ein Gott

Vasen sind eher unauffällige Alltagsgegenstände. Natürlich gibt es auch die ganz alten oder wertvollen Vasen, die in teuren Villen oder Museen ihr Zuhause gefunden haben. Doch im Normalfall hat eine Vase die klare Aufgabe, dekorativ und hilfreich Blumen mit Wasser zu versorgen. Aber was passiert, wenn eine Vase fällt und zerbricht?
(evtl. eine alte Vase fallen lassen)
Es bleibt ein Haufen Scherben, den wir entweder wegwerfen oder liebe- und mühevoll zusammenkleben können. Jedoch werden es

auch der stärkste Kleber und die sorgsamsten Finger nicht schaffen, eine zerbrochene Vase wieder vollkommen heil zu machen. Kleinste Löcher und feine Risse werden das Wasser von nun an nicht mehr halten können. Schon gar nicht, wenn die ein oder andere Scherbe nicht mehr aufzufinden ist.
Die einst dekorative Vase scheint nutzlos geworden. Und manchmal fühlen wir uns genauso. Durch die Scheidung der Eltern, einen Unfall, den Tod einer Freundin oder eines Freundes oder die tiefe Verletzung, die uns jemand zugefügt hat, fühlt sich unser Herz zerbrochen an. Alles tut weh und nichts scheint mehr gut zu sein. Wir fühlen uns nutzlos, nicht mehr liebenswert und haben keine Ahnung, wie wir von nun an unseren Alltag weiter meistern sollen. Ja, vielleicht haben wir sogar das Gefühl, unseren Wert, unsere Aufgabe und unser Ziel nicht mehr zu erkennen. Unser Herz fühlt sich an wie ein Scherbenhaufen.
Aber das muss nicht so bleiben. Aus der Bibel heraus wissen wir, dass Gott versprochen hat, unser Herr und Arzt zu sein. Er will unsere Verletzungen heilen und unseren Schmerz nehmen. Menschen, die für uns beten, Freunde, die trösten, oder ein Lied, das uns neuen Mut geben will, können da der Anfang sein. Gott kann und will unsere Wunden heilen. Manchmal braucht das aber etwas Zeit, genauso wie das Zusammenkleben einer zerbrochenen Vase. (eine zusammengeklebte Vase zeigen)
Auch werden, trotz der heilenden Kraft Gottes, manche inneren Verletzungen als Spur oder kleine Narbe von nun an zu unserem Leben dazugehören. Doch damit ist nicht alles vorbei. Denn auch zusammengeklebte Tonscherbenhaufen können eine neue, andere und wunderbare Aufgabe übernehmen! So reicht eine kleine Kerze aus, die nun durch alle Risse und Löcher hindurch ihr Licht verbreiten kann. Wunderschön, einzigartig, erfüllt mit einem neuen Auftrag und immer noch wertvoll! Das gilt der zerbrochenen Vase – und uns! Denn Gott hat es versprochen.

⇨ Erzähle, wie Gott in dir (deinem Leben) schon etwas hat heil werden lassen. Darüber hinaus können für Teelichter alte Vasen zerbrochen und zusammengeklebt oder aus Mosaiken einzigartige Kerzenständer gestaltet werden.

VENTILATOR

Der Herr selbst aber, von dem aller Frieden kommt, schenke euch jederzeit und auf jede Weise seinen Frieden. Der Herr stehe euch allen bei!
2. Thessalonicher 3,16

Gottes Frieden beginnt in dir, geht tief und will sich ausbreiten bis in alle Welt.

Frieden, Gerechtigkeit

So ein Ding

Ein Ventilator ist eine Strömungsmaschine, durch die Luft mittels eines Laufrades in Bewegung gebracht wird. Unsere deutsche Bezeichnung für diesen Gegenstand ist auf das englische bzw. lateinische Verb für „belüften“ zurückzuführen. Ventilatoren, erstmals Mitte des 19. Jahrhunderts hergestellt, sind besonders an heißen Tagen wertvoll und nützlich, obwohl sie lediglich die vorhandene warme Luft in Bewegung bringen. Da unsere Körpertemperatur normalerweise höher ist als die Außentemperatur, erwärmen wir selbst die Luft, die sich direkt um uns herum befindet. In gewisser Weise sind wir also immer von einer warmen Luftschicht umgeben. Eben diese wird durch den Luftzug eines Ventilators weggepustet, sodass wir Menschen uns erfrischt und leicht gekühlt fühlen.

So ein Gott

An heißen Tagen ist ein kühler Luftzug einfach genial und dank Ventilatoren ist es möglich, heiße Momente auf Knopfdruck abzukühlen. Zumindest was die Raum- und Körpertemperatur betrifft. In unserem Leben ist es leider nicht immer so einfach. Denn auch dort gibt es die heißen und brenzligen Situationen. Das verrät allein unsere Sprache! So diskutieren vor allem Erwachsene immer mal wieder, bis die Köpfe rauchen. Heiße Themen werden ungern angesprochen und in manchem Streit reden wir davon, dass die Funken fliegen. Im Miteinander von uns Menschen geht es immer mal wieder heiß her. Wir haben unterschiedliche Meinungen, unterschiedliche Gefühle und nehmen Situationen ganz unterschiedlich wahr. Da ist die Strafarbeit für dich, obwohl du nur lachen musstest, weil ein anderer Blödsinn gemacht hat. Da ist deine spaßig gemeinte Bemerkung, doch der andere fühlt sich verletzt. Oder aber die Eltern glauben, ebenso im Recht zu sein wie du.

Hitzige und schweißtreibende Momente gibt es unter Freunden, in der Familie, der Schule und leider sogar auf der ganzen Welt. Immer wieder sind wir so sehr davon überzeugt, im Recht zu sein, dass wir nicht bemerken, wie sehr das andere verletzt oder ihnen schadet. Das fängt ganz klein an und endet im schlimmsten Fall sogar in schrecklichen Kriegen weltweit. Dabei ist klar, dass kein normaler Ventilator diese brenzligen Situationen abkühlen kann. Aber es gibt jemanden, der es kann! Es ist der Gott des Friedens. Er wünscht sich so sehr, dass wir Menschen miteinander in Frieden leben und in uns selbst Frieden finden. Einen Frieden, der nicht nur Waffenstillstand bedeutet. Einen Frieden, bei dem man nicht nur den Mund hält und in Gedanken weitermobbt und -lästert. Sondern unserem Gott geht es um einen echten, tiefen Frieden. Eine Kraft, die so viel Vertrauen und Gelassenheit schenkt, dass wir nicht mehr selbst für unsere Gerechtigkeit kämpfen, sondern uns seiner göttlichen Gerechtigkeit anvertrauen. Auch das fängt in unseren Herzen klein an und kann sich weltweit ausbreiten. Nicht auf Knopfdruck, aber durch ernst gemeinte Gebete und unser Vertrauen in ihn.

⇨ Als kleine Erinnerung und zum Abkühlen können Fächer gebastelt werden.

VERKLEIDUNG

Jesus Christus ist derselbe gestern und heute und in alle Ewigkeit!
Hebräer 13,8

Gott war, ist und bleibt sich treu.

Ewig, Treue

So ein Ding

In vielen Kindergärten oder Dachböden befinden sich Verkleidungskisten. Sie sind bestückt mit alten oder besonders kreativen Kleidungsstücken, damit die Kinder das ganze Jahr über Rollenspiele spielen und ihrer Fantasie freien Lauf lassen können. Dabei verkörpern Verkleidungen und Maskeraden natürlich immer etwas Unechtes. Sie spielen oder täuschen uns etwas vor. Besonders deutlich wird das auch im Blick auf Karneval, Fastnacht oder Fasching. So liegt der Ursprung der Verkleidungen im Erschrecken der bösen Geister durch schreckliche Masken bzw. der kurzfristigen Gleichstellung durch den Rollentausch von Sklave und Herr oder Mann und Frau. Die Täuschung durch Verkleidungen machen sich auch Kriminelle zunutze, wenn sie ihre Straftaten hinter Masken begehen. Manche Promis wie Cro und Lady Gaga nutzen Verkleidungen und Masken dagegen, um ihre öffentliche Rolle gut füllen zu können und gleichzeitig als Privatperson unerkannt zu bleiben.

So ein Gott

Verkleidungen geben uns die Chance, jemand anderes zu sein: der mutige Cowboy, der lustige Clown, das bewunderte Einhorn, die schöne Prinzessin, der unbezwingbare Superheld, der intelligente Nerd oder der lebensrettende Feuerwehrmann. Wenn wir verkleidet sind, scheint plötzlich alles möglich zu sein. Wir fühlen uns stärker,

besser, geliebter und mutiger, sodass wir manchmal sogar peinliche oder riskante Dinge wagen. Wir schlüpfen in die Rolle einer anderen Person und können so unsere eigenen Stärken, Schwächen, Gefühle und Gedanken verbergen. In einem gewissen Rahmen ist das auch wichtig und gut, z. B. an Fastnacht, Fasching, Karneval oder auf Motto-Partys.
Doch manchmal verkleiden wir uns auch mitten im Alltag und zwar ganz ohne Kleidungsstücke oder Accessoires. Vielmehr sind es unsere Worte, Gesten und Taten, hinter denen wir uns verstecken, um anderen etwas vorzumachen. Wir lächeln, obwohl wir traurig sind, oder weinen, weil wir wissen, dass unsere Eltern dann doch erlauben, was eigentlich verboten ist. Coole Sprüche sollen uns in der Clique beliebt machen und in der Jungschar geben wir immer fromme Antworten, weil wir denken, dass die Mitarbeitenden genau das hören wollen. Es kommt sogar vor, dass wir mit Absicht Dinge falsch machen, damit niemand unsere Stärke entdeckt und wir nicht mit anpacken müssen. All das bedeutet, dass wir Menschen oft nur so tun als ob, um z. B. unsere Schwächen, Stärken, Fragen und Gefühle zu verstecken.
An dieser Stelle gibt es einen großen Unterschied zwischen uns und Gott. Denn während wir immer mal wieder versuchen, eine andere Person zu sein, ist, war und bleibt Gott immer derselbe! Von Anfang an hat er uns klar und eindeutig seine Liebe, seine Größe, seine Macht, seine guten Ideen, seine Versprechen und sein Wesen aus Vater, Sohn und Heiligem Geist gezeigt. In der Bibel lesen wir – und in unserem Leben können wir entdecken – wie treu, gerecht, liebevoll und mächtig Gott zu uns und seinen Worten steht. Bei Gott gibt es kein So-tun-als-Ob. Auf ihn können wir uns von Anfang bis Ende felsenfest verlassen.

⇨ Das Lied „Gott ist immer noch Gott“ von Eberhard Laue ist schon viele Jahre alt, aber passt vom Text wunderbar zur Andacht. Alternativ kann auch „Herr der Ewigkeit“ (Einfach spitze, Nr. 103; Lothar Kosse) gesungen werden. Und natürlich darf sich heute geschminkt und verkleidet werden.

WARNDREIECK

Wer meine Gebote und Weisungen befolgt, bewahrt sein Leben. Ich bin der Herr!
3. Mose 18,5

Gottes Gebote geben Halt und Sicherheit.

Gebote, Nachfolge

So ein Ding

Das Warndreieck dient neben der Warnblinkanlage zur Absicherung von Pannen- und Unfallstellen im Straßenverkehr. Es muss bei uns in Deutschland in jedem Kraftfahrzeug jederzeit mitgenommen werden. Die Balken des Warndreiecks strahlen und reflektieren das Licht in Rot, ähnlich wie bei einem Katzenauge am Fahrrad. Ein Warndreieck muss mit großem Abstand zur Pannen- und Unfallstelle aufgebaut werden. Auf Autobahnen beträgt dieser Abstand mindestens 200 Meter und maximal 400 Meter.
Übrigens gab es 1971 im Rahmen der Reihe „Neue Regeln im Straßenverkehr" auch zur Nutzung des Warndreiecks eine Sonderbriefmarke (s. Andacht Autoblinker).

So ein Gott

Warndreiecke gibt es, damit wir Gefahrenstellen im Straßenverkehr besser absichern können. Sie sollen helfen, den Schaden nicht noch zu vergrößern oder zu verschlimmern. Genau deshalb müssen sie auch außerhalb der Gefahrenzone aufgestellt werden.
Leider gibt es solche Gefahrenstellen aber nicht nur im Straßenverkehr, sondern auch in unserem Leben. Denn auch dort läuft immer wieder so einiges schief. Es gibt manche Pannen, Baustellen oder Stolpersteine in der Beziehung zu anderen, zu Freunden, zu der

Familie oder auch zu Gott, unserem Schöpfer. Dazu gehören Worte und Taten, die verletzen. Desinteresse, Egoismus und falsche Prioritäten, die Schaden anrichten. Lügen, Verleumdungen, Verletzungen, Streit und Versagen. Aber auch Missverständnisse, Geheimnisse und Unehrlichkeit können zu echten Problemen werden – Gefahrenstellen für uns und unser Leben. Das liegt daran, dass wir alle Menschen sind und Fehler machen, trotz unserer Denkfähigkeit und der Verantwortung im Umgang mit anderen, die Gott uns zutraut.

Diese Wahrheit ist weder für uns noch für Gott etwas Neues. Deshalb hat er uns aus seiner Liebe heraus auch seine Gebote gegeben. Sie sind da, damit wir sie als „gute Ideen zum Leben“ entdecken und anwenden können! Ähnlich wie ein Warndreieck, das leuchtet und aufmerksam macht, wollen Gottes Gebote uns helfen, ein gutes Miteinander zu sichern und zu gestalten. In unserer Beziehung zu Gott und zu anderen – angefangen bei unseren Eltern, den Geschwistern und Freunden bis hin zu den unbeliebten Klassenkameradinnen und -kameraden.

Gottes Gebote wollen uns ein Hinweis sein, uns warnen und uns einen guten Maßstab geben, an dem wir uns festhalten und orientieren können. Allerdings müssen wir Gottes Gebote dazu beachten und ernst nehmen. Denn nur dann kann es gelingen, Gefährdungen zu vermeiden, genau wie bei einem Warndreieck.

⇨ Gestaltet für euren Schaukasten oder die Hofeinfahrt oder das Fenster oder ... ein großes Plakat mit Gottes guten Ideen zum Leben – und natürlich einem Warndreieck.

WASSERFARBKASTEN

Wir haben ganz verschiedene Gaben, so wie Gott sie uns in seiner Gnade zugeteilt hat.
Römer 12,6a

Wir alle sind vielfältig und unterschiedlich begabt.

Gaben, Vielfalt

So ein Ding

Dieser Gegenstand ist unter der Bezeichnung Wasserfarbkasten, Deckfarbkasten, Malkasten oder auch Tuschkasten bekannt. Darin befinden sich meistens ein bis zwei Paletten mit jeweils zwölf unterschiedlichen Farben. Diese wiederum sind wasserlösliche Deckfarben und werden vor allem im Kindergarten, zu Hause sowie im Kunstunterricht der Schule verwendet. Die drei Primärfarben Gelb, Magentarot und Cyanblau gehören in jedem Wasserfarbkasten zur Grundausstattung, ebenso wie z. B. Schwarz, Orange, Violett und Blaugrün. Auf einer zweiten Farbpalette in einem Wasserfarbkasten sind zusätzliche Farbtöne wie Zitronengelb, Karminrot, Olivgrün oder Grau zu finden. Normalerweise gehören auch eine Tube Deckweiß, ein Borstenpinsel und ein Behälter für das Wasser mit zu einem Wasserfarbkasten dazu.

So ein Gott

Ein Wasserfarbkasten besteht normalerweise aus mindestens zwölf verschiedenen Farben. Und das ist auch gut so! Denn um künstlerisch kreativ zu werden, ist es einfach toll, viele verschiedene Farben zur Auswahl zu haben. Auf diese Weise können nicht nur ganz feine, detailverliebte Bilder entstehen, sondern auch die großen und bunten. Mit Fantasie und manchmal auch mit Begabung werden durch unterschiedliche Farben einzigartige Kreationen auf dem Papier geschaffen. Manche davon sind uns Menschen viel Geld wert. Und manche sind unbezahlbar, weil sie einfach von Herzen kommen und mehr ausdrücken, als Geld das jemals zu tun vermag. Voraussetzung für jedes Bild und jedes Gemälde sind aber die Farben, die wir zum Malen brauchen.

Ganz ähnlich schaut es aus, wenn wir an uns und unser Leben auf dieser Erde denken. Wir Menschen sind ein bunter Haufen und teilen uns diese Welt, wie die Farben sich den Wasserfarbkasten teilen. Aber das ist längst nicht alles. Vielmehr erinnert uns ein Wasserfarbkasten daran, dass in jeder und jedem von uns eine ganze Menge steckt. Denn das Leben ist bunt und jedes einzelne davon ein kreatives Meisterwerk. Das weiß Gott, noch bevor wir geboren werden. Deshalb gibt er jeder und jedem von uns ganz verschiedene Gaben mit auf den Weg. So machen das ansteckende Lachen, die Lust am Malen, Singen oder Kochen, die Begeisterung für Technik, Tiere oder Bücher und die Freude am Helfen, Werkeln oder Schreiben unser Leben einzigartig und für andere Menschen wertvoll. Gott lässt uns durch sein Wort wissen, dass wir einen bunten Mix aus Gaben und Stärken in uns tragen, ähnlich wie die vielen Farben in einem Wasserfarbkasten. Jede und jeder von uns und jedes einzelne Leben ist eine bunte, einzigartige Kreation – ähnlich wie ein Gemälde. Die Voraussetzungen für unser Leben, für das Bild, das Gott mit und in unserem Leben zeichnet, hat er längst in uns hineingelegt. Wir müssen unsere Gaben nur entdecken, mit Gott entfalten und darüber staunen, was alles in uns steckt! Dann werden wir vielen anderen Menschen Freude bereiten, die uns als Bild Gottes wahrnehmen und betrachten.

⇨ Während der Andacht kann mithilfe der Wasserfarben ein Bild entstehen. Es muss künstlerisch nicht wertvoll sein, sondern einzigartig und bunt. Vielleicht aufgrund der Farben und Formen so gemalt, dass die Mitarbeiterin / der Mitarbeiter danach anhand des Bildes etwas zu ihrem/seinem Leben und ihren/seinen Stärken erzählen kann.

Anschließend können die Kinder selbst eigene Kunstwerke malen und eine Ausstellung gestalten.

WHATSAPP

Er, das Wort, wurde ein Mensch, ein wirklicher Mensch von Fleisch und Blut. Er lebte unter uns, und wir sahen seine Macht und Hoheit, die göttliche Hoheit, die ihm der Vater gegeben hat, ihm, seinem einzigen Sohn.
Gottes ganze Güte und Treue ist uns in ihm begegnet.
Johannes 1,14

Gott will uns persönlich begegnen.

Nähe Gottes, Weihnachten

So ein Ding

Als Jan Koum und Brian Acton 2009 in Kalifornien einen Instant-Messaging-Dienst gründeten, hatten beide sicherlich keine Vorstellung davon, was daraus werden würde. Denn mittlerweile gibt es weltweit über eine Milliarde Nutzer, die täglich etwa 55 Milliarden Nachrichten über Whatsapp versenden. Zu Beginn war dies jedoch nicht möglich, da nur Statusmeldungen veröffentlicht werden konnten, um Freunde und Bekannte am eigenen Leben teilhaben zu lassen. Erst im Verlauf der nächsten Jahre wurde die Technik so weiterentwickelt, dass Kurznachrichten, Dokumente, Kontakte, Bild-, Video- und Tonnachrichten versendet werden konnten. Auch der Austausch in Gruppen bzw. Broadcasts wurde erst später möglich. Der Name entstand wahrscheinlich in Anlehnung an das englische „Whats up?“ – zu deutsch: „Was ist los?“. Gleichzeitig enthält die Bezeichnung aber auch die informative Abkürzung „App“, die einfach „Anwendung“ bedeutet.

So ein Gott

Ein Leben ohne Whatsapp ist kaum noch vorstellbar! Unzählige Nachrichten, Bilder, Emojis und Videogrüße werden tagtäglich damit versendet und dank der Statusmeldungen wissen wir sehr genau über das Bescheid, was unsere Freunde und Bekannten so erleben. Verabredungen werden getroffen, Probleme geteilt, Diskussionen geführt und immer wieder auch Liebeserklärungen gemacht. All das geschieht digital. Niemand muss mehr die anderen persönlich sprechen oder ihnen begegnen. Die Welt steht uns offen, Kontakte sind grenzenlos und gleichzeitig von vielen Missverständnissen geprägt. Denn Emojis und tote Buchstaben, die tonlose Wörter bilden, können schnell falsch verstanden werden. Zudem verstecken wir uns oft hinter coolen Sprüchen, Bildern und Posts. Dabei geht so viel „Echtes“ verloren, nicht zuletzt, weil Bilder leicht bearbeitet und Worte schnell vorgetäuscht werden können. Tatsächlich gewöhnen wir uns dank Whatsapp an, einander aus dem Weg zu gehen. Besonders dann, wenn es schwierig wird.

Wie anders ist Gott! Denn er kam auf diese Welt, um uns persönlich zu begegnen! Der König dieser Welt, heilig und vollkommen gut, kam an einem ärmlichen und erbärmlichen Ort auf diese Welt. Mitten hinein in schwierige Familienverhältnisse, in Machtstreitigkeiten von Herrschern und in eine Welt, in der nur noch wenige auf Gott vertraut haben. Aber: Er kam! Jesus Christus, Gottes Sohn, kam zu uns, damit wir durch ihn Gott, den Vater, kennenlernen können – echt, lebendig, in Klarheit und Wahrheit. Denn seine Worte, seine Macht, seine Kraft, seine Vergebung, seine Liebe, sein Reich und seine Herrlichkeit gelten jeder und jedem von uns. Durch das Kommen Jesu hat er es ein für alle Mal deutlich gemacht. Ganz persönlich. Und das gilt bis heute! Die Bibel erzählt davon. Mit Jesus bzw. mit Gottes gutem Heiligen Geist können wir all das heute noch erleben. Gott will uns persönlich begegnen. Die Frage ist: Willst du ihm auch begegnen?

⇨ Das Lied „Gottes große Liebe“ (Einfach spitze, Nr. 15; von Daniel Kallauch) kann gemeinsam gesungen werden.

WINDRAD

Allem bin ich gewachsen durch den, der mich stark macht.
Philipper 4,13

Aus Gottes Kraft heraus bekommen wir die Kraft zum Leben.

Kraft, Leben

So ein Ding

Windräder können in eher kleinen Varianten selbst gebastelt und gebaut werden oder aber sie stehen groß und mächtig an Land, auf Feldern oder mitten im Meer. Diese bis zu 200 Meter hohen Windräder dienen der Gewinnung von elektrischem Strom. Die zwei bis drei Rotorblätter am oberen Ende werden vom Wind angetrieben, sodass durch die Bewegung und Kraft Strom erzeugt werden kann. Da der Wind eine von Gott geschenkte Kraft der Natur ist, kann er niemals aufgebraucht werden. Deshalb ist er eine Quelle der sogenannten erneuerbaren Energien. Zudem gilt die Windenergie als umweltfreundlich, da durch sie keine Schadstoffe freigesetzt werden. Gleichzeitig ärgern sich Anwohner von Windkraftanlagen und Tierschützer jedoch sehr über Windräder, da sie das Landschaftsbild verändern, Vögel gefährden und störende Geräusche machen.

So ein Gott

Windräder gibt es in allen Farben, Formen und Größen. Angefangen bei ganz kleinen, die an einem Fahrradlenker befestigt oder in Blumentöpfe gesteckt werden können, bis hin zu den großen Windrädern, die an vielen Orten in Deutschland zu finden sind. Egal, welche Größe Windräder auch haben: Sie wurden gebaut, um sich zu bewegen, sich zu drehen! Und diese Bewegung erzeugt eine neue Kraft, eine neue Energie, die z. B. in Strom verwandelt werden kann, damit unser Kühlschrank kühlt und das Handy aufgeladen werden kann. Bei einem Blick auf ganz Deutschland würde uns aber auffallen, dass zumindest von den großen Windkrafträdern nicht überall im Land gleich viele stehen. Das hat einen bestimmten Grund: Diese Windkrafträder sind auf besondere Weise auf Wind angewiesen, um funktionieren zu können und ihre Aufgabe zu erfüllen. Ohne Wind wird sich kein Windrad drehen. Es steht still und kann aus sich selbst heraus nichts tun. Dadurch wird klar: Auch wenn kleine Windräder Freude machen und große Strom erzeugen, ist der Wind viel wichtiger als das Rad. Denn ohne ihn geht nichts.

In gewisser Weise sind wir Menschen wie Windräder von Gott auf diese wunderbare Welt gestellt worden. Wir können uns drehen, haben Kraft, können Neues entstehen lassen und Menschen oder Dinge in Bewegung bringen. Wir sind dazu geschaffen, eine gute Auswirkung auf unsere Umgebung zu haben – auf die Menschen und die Umwelt. Aber all das können wir, genau wie Windräder, nicht aus uns selbst heraus. Wir brauchen dazu Gottes Kraft. Die Kraft, die unendlich ist, niemals aufgebraucht werden und von niemand und nichts besiegt werden kann.

Schon vor fast 2.000 Jahren schrieb Paulus im Philipperbrief, dass ihm durch diese Kraft Gottes alles möglich war. Er konnte Menschen heilen, Freunden, Fremden und Feinden von Gott erzählen und sogar Folter und Strafe ertragen. Er konnte es, weil er Gott immer wieder um Kraft gebeten hatte. So wie bei Paulus will uns Gott auch heute mit Kraft beschenken und unsere „Räder" mit genügend Wind versorgen. Doch dazu müssen wir uns in seinen Wind stellen und aus seiner Kraft heraus leben wollen! Das bedeutet, wir müssen Gott an unserem Leben teilhaben lassen und uns seinen Worten, seinem Geist und seiner Kraft anvertrauen. Dabei dürfen wir ihn immer wieder neu um die nötige Kraft bitten und werden erleben, dass wir so aus Gottes Kraft heraus unser Leben meistern können.

⇨ Diese Andacht kann im Haus mit einem vorher gemeinsam gebastelten Windrad oder aber draußen bei einem Spaziergang/Picknick, möglichst nahe an einem großen Windrad, gehalten werden. Natürlich können im Anschluss daran auch kleine Windräder aus Papier gebastelt werden.

ZAHN

Lasst ja kein giftiges Wort über eure Lippen kommen! Seht lieber zu, dass ihr für die anderen, wo es nötig ist, ein gutes Wort habt, das weiterhilft und denen wohl tut, die es hören.
Epheser 4,29

Worte haben große Macht. Sie können heilen und zerstören.

Schlechte Worte, Vergebung

So ein Ding

Ein Zahn ist ein Teil des Gebisses und dient uns Menschen dazu, Nahrung zu zerkleinern. Während im Tierreich der Ostpazifische Delfin 252 Zähne in seinem Maul hat, haben wir Menschen als Kinder nur 20 Milch- und als Erwachsene 32 bleibende Zähne. Diese kleinen hellen Körperteile sind jedoch das Härteste, was wir Menschen im Körper haben! Eingeteilt sind sie oben wie unten in drei Kategorien: die vorderen flachen Schneidezähne, die spitzen Eckzähne und die breiten Backenzähne. Während das Ausfallen der Milchzähne notwendig ist, bleibt beim Verlust eines bleibenden Zahnes eine sichtbare Lücke, die nur durch einen künstlichen Zahn gefüllt werden kann. Der größte Feind der Zähne ist die mangelnde Mundhygiene, durch die Säuren und Karies den Zahnschmelz angreifen können.

So ein Gott

Klein, unauffällig und dennoch so wichtig sind unsere Zähne im Mund. Wir Menschen brauchen sie, um Essen abzubeißen und so zu zermahlen, dass der Magen alles gut aufnehmen und verdauen kann. Obwohl diese kleinen weißen Körperteile für uns also wirklich wichtig sind, schenken wir unseren Zähnen vor allem dann beson-

dere Aufmerksamkeit, wenn sie wackeln, ausfallen oder schmerzen. Jede und jeder, die/der schon einmal Zahnschmerzen hatte, weiß, wie unangenehm sich das anfühlt. Und ist der Schmerz bzw. Karies erst einmal tief im Inneren des Zahnes angekommen, ist der Schaden nicht mehr so einfach zu beheben. Erschreckend daran ist, dass wir durch unser Verhalten zulassen, dass unsere Zähne angegriffen werden. Wir machen es viel zu oft der Karies sehr leicht, unseren Zahnschmelz zu zerstören und sich in den Zahn hineinzufressen.
Ganz Ähnliches passiert leider auch immer wieder mit unseren Herzen – und unser Mund spielt dabei eine große Rolle. Denn aus unserem Mund kommen Worte, die verletzen, beleidigen oder nicht der Wahrheit entsprechen. Faule und üble Worte, die jeden Tag unfassbar schnell unseren Mund verlassen und auf Herzen treffen. Dabei sind es aber nicht nur die Herzen der anderen, sondern auch unser eigenes. Wenn wir ehrlich sind, dann ist keine Lüge oder Beleidigung es wert, sich dafür zu rühmen. Vielmehr bleiben unsichtbare kleine Dreckspuren in uns kleben, so wie Karies an unseren Zähnen. Selbst wenn wir sie zunächst nicht beachten, spüren wir nach einer Weile den tiefsitzenden Schmerz. Unser Herz und unsere Seele haben Schaden genommen.
Doch soweit muss es nicht kommen! Es gibt jemanden, der unser Innerstes heil und rein haben möchte. Es gibt jemanden, der es besser mit uns meint als jede Zahnbürste mit unseren Zähnen. Es ist Gott, der in all seiner Liebe und Vergebung den Dreck aus unseren Herzen entfernen will! Es ist um ein Vielfaches mehr schützenswert als unsere Zähne. Deshalb wartet Gott darauf, dass wir ihm von unserem Schmerz erzählen und für unser übles Geschwätz um Vergebung bitten. Er kann und will uns helfen, heil zu werden und in Zukunft auf unsere Worte zu achten.

⇨ Kocht Buchstabensuppe und formt beleidigende Worte, die ihr von nun an nicht mehr sagen wollt, bevor ihr diese Worte vernichtet (esst).

ZAUBERWÜRFEL

Gott liebt doch nicht die Unordnung, sondern er schafft Frieden!
1. Korinther 14,33a

Auch wenn das Chaos tobt, regiert der Herr!

Chaos, Macht

So ein Ding

Der Zauberwürfel, auch Magic oder Rubiks Cube genannt, ist ein drehbares Puzzle in Würfelform. Dabei besteht der eigentliche Zauberwürfel aus 27 einzelnen kleineren Würfeln, die ihre Position durch 90°-Drehungen verändern können. Die sichtbaren Außenseiten dieser kleinen Würfel sind mit unterschiedlichen Farbfolien beklebt, sodass der gesamte Zauberwürfel aus sechs unterschiedlichen Farbseiten besteht. Erfunden wurde dieses besondere Spielzeug 1974 von einem ungarischen Physikprofessor. Doch erst Anfang der 1980er Jahre wurde der Zauberwürfel auch weltweit über 100 Millionen Mal verkauft. Seitdem hält die Faszination an und es finden sogar Landes- und Weltmeisterschaften statt. Und während manch einer von uns an der Lösung des Rubiks Cube verzweifelt, liegt der aktuelle Weltrekord (2018) bei 4,22 Sekunden.

So ein Gott

Der Zauberwürfel ist schon auf den ersten Blick ein besonderes Spielzeug, da die bunten Würfelseiten aus kleinen einzelnen Würfeln nicht verraten, wie herausfordernd es ist, Ordnung zu schaffen. Die spielerische Aufgabe dieses Puzzles liegt darin, zunächst die farblich sortierten Würfelseiten durcheinanderzumischen, um sie danach wieder zu sortieren. Dabei ist es sehr einfach, die Farbseiten des Zauberwürfels durch unterschiedlichste Drehungen durchei-

nanderzubringen. Doch es ist viel schwieriger, das Chaos danach wieder zu ordnen.
Genau das erinnert mich an unser Leben. Denn es gibt wirklich viel, was unser Leben ruck zuck in ein Chaos verwandeln kann. Dazu gehören schwierige Situationen wie eine schwere Krankheit, Ärger, Streit oder der Neustart in einer anderen Schule. Aber auch wunderschöne Momente wie das Verliebtsein, die Geburt eines Geschwisterkindes oder der Umzug in ein neues Haus können unser Leben ins Chaos verwandeln. Manchmal reicht es schon aus, dass wir Omas Lieblingsvase umwerfen und nicht wissen, was nun geschehen wird. Alles fühlt sich plötzlich unsicher und durcheinander an. Deshalb ist es gut zu wissen, wo wir Hilfe finden können. Im Blick auf den Zauberwürfel müssen wir einfach Lösungen im Internet suchen oder jemanden fragen, die/der sich damit auskennt und ihn wieder in Ordnung bringen kann. Für die Chaosmomente in unserem Leben ist es aber Gott, an den es sich zu wenden lohnt! Er hat zu Beginn der Weltgeschichte das größte Chaos aus Himmel, Wasser, Erde, Licht und Dunkel sortiert und eine Welt geschaffen, in der wir leben können. Spätestens seit diesem Moment hat Gott den Durchblick für alles, was unser Leben ausmacht. Er kann und will all unsere Sorgen, Ängste, Fragen, Zweifel und jedes Gefühl von Überforderung oder überwältigender Freude mit uns neu ordnen. Aber dann hat nicht mehr das, was von außen auf uns einströmt, uns und unser Leben im Griff, sondern das, womit Gott uns von innen heraus beschenkt. Denn mit und durch ihn sind wir gestärkt und können jedes Durcheinander sortieren und bestehen.

⇨ Die Aussage und Wirkung der Andacht wird um ein Vielfaches verstärkt, wenn der Zauberwürfel zuerst in Unordnung gebracht und dann wieder sortiert werden kann. Auch wäre es klasse, wenn einige Zauberwürfel vorhanden sind, sodass die Kinder im Nachhinein mit ihnen spielen können.

ZAUN

Wie glücklich ist ein Mensch, der sich nicht verführen lässt von denen, die Gottes Gebote missachten, der nicht dem Beispiel gewissenloser Sünder folgt und nicht zusammensitzt mit Leuten, denen nichts heilig ist.
Psalm 1,1

Gottes Gebote geben uns Sicherheit und gute Grenzen.

Gebote, Gut und Böse, Sicherheit

So ein Ding

Ein Zaun besteht meist aus Holz, Metall oder Kunststoff und dient dazu, zwei Bereiche voneinander abzugrenzen. Dabei ist er, anders als eine Mauer, transportabel und zumindest teilweise auch durchlässig. Spannend ist, dass der „Zaun“ zum einen mit dem englischen Wort „town“ (Stadt) als auch mit dem niederdeutschen Wort „tuin“ (Garten) verwandt ist. Daraus geht hervor, dass durch ihn ursprünglich nicht der Gegenstand selbst, sondern das von ihm umzäunte Gebiet bezeichnet wurde. So werden Zäune bis heute sicherlich aufgestellt, um das umschlossene Gebiet vor Eindringlingen zu schützen bzw. Tiere oder Gefängnisinsassen am unerlaubten Verlassen zu hindern. Doch leider dienen Zäune seit jeher auch als furchtbare und gewaltsame Abgrenzung ganzer Völker – wie einst in Deutschland oder noch heute zwischen Mexiko und den USA oder Nord- und Südkorea.

So ein Gott

Normalerweise hat jeder Zaun die Funktion, das eine vom anderen zu trennen. So begegnen uns im Alltag Zäune vor allem rund um Gärten, Spielplätze, Schulhöfe, Baustellen oder Tiergehege. Und

nur manchmal sehen wir sie auch als Grenze zwischen Ländern und Staaten. Alle diese Zäune haben gemeinsam, dass sie von Menschen geplant und aufgestellt werden. So können wir also immer wieder selbst entscheiden, wie hoch, wie massiv, wie gefährlich, durchlässig, abwehrend oder einladend ein Zaun sein soll. Dabei bleibt es allerdings die Aufgabe eines jeden Zaunes, Dinge voneinander zu trennen. Gleichzeitig bietet jeder Zaun aber auch Schutz! Menschen, Tiere, Maisfelder, Gärten oder Häuser werden durch einen Zaun geschützt und bieten z. B. Sicherheit vor Eindringlingen und unbefugten Personen. Genau in dieser doppelten Funktion ist jeder Zaun ein geniales Bild für Gottes Gebote! Denn auch sie wollen uns schützen, Sicherheit geben und eine gute Grenze sein.
In der Bibel, im 2. Buch Mose, finden wir diese Gebote – zehn gute, ja göttliche Ideen, wie wir Menschen unsere Beziehung miteinander und unsere Beziehung zu Gott gestalten können. Dabei steckt in allen Geboten Gottes Fürsorge für uns Menschen! Und es beginnt mit dem großartigen Geschenk, dass wir unser Vertrauen voll und ganz auf ihn – den einen Gott – setzen können. In und durch ihn finden wir alles, was wir zum Leben brauchen. Weiter entdecken wir Gottes Fürsorge in seinen Geboten, weil sie uns auf Pausenzeiten hinweisen und wertvolle Maßstäbe im Umgang miteinander setzen. Gottes Wertschätzung für uns steckt in jedem seiner Gebote. Auch deshalb wollen sie uns gute Grenzen zum Leben sein. Sie helfen uns, weise zwischen Dein und Mein zu unterscheiden. Sie stärken uns, den Wert und die Einmaligkeit des anderen zu achten. Sie machen uns aufmerksam, um aneinander nicht schuldig zu werden, sondern miteinander fröhlich und gut zu leben.
In gewissem Sinne sind Gottes Gebote also wie ein Baustellen-Zaun, der uns vor Leichtsinn, Übermut und Gefahr warnen will. Gleichzeitig sind sie aber auch wie der eigene Gartenzaun, der uns einen sicheren Schutzraum schenkt.

⇨ Fasst die Zehn Gebote jeweils in einem kurzen Satz zusammen und schreibt sie auf den Zaun der Gemeinde (nach Absprache!) oder einzelne Holzbretter, die dann als „Zaun“ zur Raumdekoration werden.

ZITRONE

Lass dich nicht vom Bösen besiegen, sondern überwinde es durch das Gute!
Römer 12,21

Mit Gott an unserer Seite kann auch aus schwierigen Momenten Gutes entstehen.

Gut und Böse, Wut, Zorn

So ein Ding

Die Zitrone gehört zu den sogenannten Zitrusfrüchten und wird heutzutage vor allem in Mexiko und Indien angebaut. Ein natürlich gewachsener Zitronenbaum trägt jedoch erst nach einigen Jahren seine Früchte, die dann bis zu vier Mal im Jahr geerntet werden können. Von der Erntezeit hängt auch die Farbe der Schale ab. So sind die uns bekannten gelben Zitronen Früchte, die im Herbst und im Winter geerntet werden. Im Sommer sind die Schalen dagegen grün und im Frühjahr beinahe weiß. Als die Zitrone vor vielen Jahrhunderten von Asien nach Europa kam, war sie zunächst nur wegen ihres Duftes beliebt. Erst später wurde ihr Geschmack entdeckt und für Erfrischungsgetränke verwendet. Mittlerweile ist die pure Zitrone bei uns vor allem wegen des hohen Vitamingehalts beliebt. Übrigens sollen die ersten Schutzgelderpressungen der heutigen Mafia rund um den Zitronenhandel entstanden sein, da die kleinen Früchte sehr wertvoll waren.

So ein Gott

Zitronen sind wirklich gesund und kleine Scheiben davon können Cola oder Wasser einen feinen leckeren Geschmack verleihen. Auch auf Fisch oder einem Schnitzel schmecken ein paar Tropfen Zitronensaft wirklich gut. Doch wenn ich mir vorstelle, deftig in eine

Zitrone reinzubeißen, dann zieht sich meine Gesichtsmuskulatur leicht zusammen und es bildet sich plötzlich viel mehr Spucke in meinem Mund als normal. Denn Zitronen sind nicht nur gesund, sie können auch schrecklich sauer sein.
Und manchmal kann man den Eindruck gewinnen, dass Menschen und Momente des Lebens ebenso sauer sein können wie die kleinen gelben Früchte. Da gibt es den Nachbarn, der immer schlechte Laune hat und meckert, wenn Kinder mit den Fahrrädern die Straße entlangsausen. Da ist der Junge auf dem Schulhof, der immer lautstark blöde Kommentare ruft, oder das Mädchen, dass immer nur die gleichen Kinder mitspielen lässt. Aber auch ein Platzregen, der uns auf dem Nachhauseweg überrascht, kann sich wie eine saure Zitrone anfühlen. Uns begegnen im Leben immer wieder saure Menschen und Momente, die uns herausfordern. Die spannende Frage ist, wie wir darauf reagieren! Aus der Bibel heraus wissen wir, was Gott sich wünscht – und uns in Jesus vorgelebt hat. Er möchte, dass wir dem Bösen, den gemeinen Worten, verletzenden Taten oder der Bitterkeit im Herzen keine Macht geben. Stattdessen sollen wir den Kreislauf von Streit und Bitterkeit durchbrechen. Jesus hat das getan, als er aus Liebe zu uns Menschen gestorben ist. Mit jeder Zitrone können wir das tun, indem wir aus ihr leckere Limonade machen. Genauso fordert uns Gott heraus, mit ihm die sauren Momente und Begegnungen des Lebens zu meistern, z. B. indem wir anderen vergeben, Beleidigungen nicht erwidern, im Gespräch einen Kompromiss suchen, mit einem Geschenk ein Lächeln ins Gesicht zaubern oder einfach fröhlich im Regen tanzen und dann zu Hause in die warme Wanne springen.

⇨ Eine ganz einfache Möglichkeit, um aus einer Zitrone Limonade zu machen, ist, eine Zitrone auszupressen, den Saft in einen Liter Wasser zu geben und dann mit Zucker abzuschmecken. Raffiniertere Rezepte gibt es auch im Internet.

ZITRONENSAFT

Und ich bitte den Gott unseres Herrn Jesus Christus, den Vater, dem alle Macht und Herrlichkeit gehört, euch durch seinen Geist Weisheit und Einblick zu geben, sodass ihr ihn und seine Heilsabsicht erkennen könnt.
Epheser 1,17

Der Heilige Geist hilft uns, die Bibel zu verstehen und Gott immer besser kennenzulernen.

Bibel, Heiliger Geist

So ein Ding

Grundsätzlich handelt es sich bei Zitronensaft um die Flüssigkeit, die aus der Frucht des Zitronenbaumes gepresst bzw. gewonnen wird. Puren, 100% natürlichen Zitronensaft verwenden wir jedoch meist nur, um den Erkältungstee mit Vitamin C anzureichern oder um einzelnen Speisen und Getränken eine leckere zusätzliche Note zu verleihen. Dabei ist der Zitronensaft ein wahres Multitalent! Angefangen bei den ätherischen Ölen in der Schale über das Vitamin C bis hin zum hohen Säuregehalt bietet der Saft ein weites Spektrum von Einsatzmöglichkeiten. So dient er z. B. zur Linderung von Hustenreiz, als Aufheller für Haare, bei Verdauungsproblemen, zum Entfernen von Fettflecken, zum Putzen und Polieren. Jedoch wird der Saft für all das nur selten frisch gepresst. Denn schon beim Kochen greifen viele Menschen heutzutage lieber auf den fertigen, gekauften Zitronensaft zurück. Einer der bekanntesten ist dabei in einer kleinen gelben, zitronenförmigen Plastikflasche in vielen Supermärkten zu finden.

So ein Gott

Zitronensaft ist eine natürliche und sehr beliebte Flüssigkeit, die zum Schreiben von Geheimbotschaften verwendet wird. Denn wenn der Zitronensaft auf Papier getrocknet ist, bleibt er zunächst unsichtbar. Erst durch das Erwärmen werden die zuvor geschriebenen Wörter wieder lesbar. Eine einfache Tatsache, die faszinierende Möglichkeiten schenkt.
Ganz ähnlich wirkt der Heilige Geist Gottes in unserem Leben. Wenn wir uns Jesus anvertrauen und ihn bitten, unser Herr, König und Freund zu sein, dann schenkt er uns seinen Heiligen Geist. Gottes guter Geist ist unsichtbar in unseren Herzen so wie die Zitronensaftworte auf dem Papier. Doch immer dann, wenn wir Gott um Hilfe und Rat bitten, immer wieder, wenn wir mit Gott reden, ihn als Freund und König an unserem Leben teilhaben lassen oder einfach in der Bibel lesen, immer dann wird Gottes Geist in uns aktiv. Dabei wird er selbst nicht sichtbar, sondern wirkt vielmehr wie die Wärme auf den Zitronensaft. Denn Gottes Geist hilft uns, diese Welt, unser Leben, die Menschen und Gottes Handeln besser zu verstehen. Er wirkt unsichtbar, aber spürbar wie die Wärme in uns, damit unsere Sehnsucht nach Antworten rund um Gott, die Bibel und den Glauben mehr und mehr gestillt wird. Wenn wir uns Gott anvertrauen, dann ist sein Heiliger Geist eine Tatsache in unserem Leben, die faszinierende Möglichkeiten schenkt.

⇨ Zuvor können Aussagen über Gott und Zusagen Gottes an uns mit Zitronensaft auf Papier geschrieben worden sein. Nach der Andacht können diese wieder sichtbar gemacht und entdeckt werden.

ZWEIG

Er hat euch als Zweige eines wilden Ölbaums ganz gegen die natürliche Ordnung in den edlen Ölbaum eingepfropft.
Römer 11,24a

Gott hat uns zu seinem erwählten Volk hinzugefügt.

Erwählt, Gottes Volk

So ein Ding

Obstbäume wie Apfel, Kirsche, Pflaume, Mandel, Quitte oder Nektarine wachsen heutzutage nahezu überall auf der Welt. Ihre Früchte sind beliebt, durch den Vitamingehalt gesund und täglich empfehlenswert. Die immer wieder neuen Obstsorten der letzten Jahrhunderte, wie z. B. die Nashibirne, entstehen durch die Kreuzung zweier Sorten. Dies geschieht, indem entweder durch Insekten (Bienen) oder den Züchter Pollen der einen Obstsorte auf die Narbe der weiblichen Blüte einer anderen Sorte gelangen. Um jedoch ganze Obstbäume zu erhalten, zu vermehren oder zu veredeln, ist eine andere gärtnerische Fertigkeit notwendig. Dieses uralte Verfahren nennt man Auf- bzw. Einpfropfen. Dabei werden Triebe (Ästchen) von z. B. wertvolleren Baumsorten auf spezielle Art in die Stammrinde einer einfacheren Sorte eingefügt. Nun können beide zusammenwachsen, auf dass eine neu gestärkte und veredelte Obstsorte heranreift. Darüber hinaus werden durch das Ein- bzw. Aufpfropfen aber auch Obstbäume gezüchtet, die verschiedene Früchte tragen.

So ein Gott

Wenn Obstbaumsorten vom Aussterben bedroht sind, keine leckeren Früchte mehr tragen oder Gärtner Spaß daran haben, mal wie-

der etwas Neues zu kreieren, dann können sie tatsächlich etwas verändern. Denn es gibt eine bestimmte Technik, die für Obst und Obstbäume Rettung und Erneuerung möglich macht. Auf diese Weise sind viele unserer heutigen Obstsorten entstanden – von Wildbäumen bis hin zu z. B. kleinen, leicht pflückbaren Apfelbäumen. Bei diesem sogenannten Einpfropfen kommt es jedoch auf die richtige Zeit, die angemessene Temperatur, die passenden zwei Obstsorten, das ideale Alter der Pflanzen und vor allem auf die Sorgfalt des Gärtners an. Nur so kann etwas Gutes, Neues entstehen. Auch in der Bibel, im Römerbrief, taucht dieses Bild auf. Dabei geht es aber nicht um die Fähigkeiten eines Gärtners in Rom, sondern um das Volk Israel, die Juden, die Christen, dich und mich.
Gott hat sich von Anfang an für uns Menschen entschieden. Dies jedoch auf besondere Weise für sein Volk Israel. Mit ihm beginnt er seine Geschichte mit uns Menschen. Mit ihm schließt er einen einzigartigen Bund und bestätigt ihn mehrmals (Noah, Abraham, Jakob, Mose). Einzig und auserwählt ist allein das Volk Israel. Daran ist nicht zu rütteln. Und doch zeigt Gottes Geschichte mit uns Menschen, dass sein Herz und seine Liebe so viel größer sind! Er kann und will sich nicht nur auf das kleine Volk Israel beschränken. Sondern er will allen Menschen die Möglichkeit geben, ihn als Vater, König und Herrn kennen- und lieben zu lernen. Deshalb hat Gott einen besonderen Weg gewählt, damit auch wir seine Kinder sein können. Dazu hat er jedoch sein Versprechen gegenüber den Juden nicht aufgehoben, denn Gott steht zu seinem Wort. Sondern er hat, für uns alle, seinen Sohn und seinen guten Heiligen Geist geschenkt. So hat er sich selbst in unser Herz eingepfropft. Er hat sich mit uns verbunden, in seine göttliche Familie aufgenommen und uns auf diese Weise zu einem Teil seines auserwählten Volkes werden lassen. Wir sind sozusagen doppelt gepfropft! Und daran ist nicht zu rütteln.

⇨ Nach dieser Andacht für Fortgeschrittene tut es gut, einen Obstsalat zu essen.

VERZEICHNISSE

BIBELSTELLENVERZEICHNIS

Altes Testament

Neues Testament

STICHWORTVERZEICHNIS

THEMENVERZEICHNIS

Die Andachten können z. B. auf Freizeiten oder in regelmäßig stattfindenden Gruppenstunden auch in Themenreihen gehalten werden. Zu diesem Zweck sind die Gegenstände hier in Gruppen bzw. Reihen sortiert aufgelistet.

Essen und Trinken

Aufbackpizza
Ei
Eiscreme
Erdbeerkuchen
Hefezopf
Kartoffelsalat
Lebkuchenherz
Milch
Schokolade
Smarties®
Spaghetti
Zitrone
Zitronensaft

Elektronik

Beamer
Bluetooth
Controller
Flugzeug
Handyschutzhülle
Oberleitung
Whatsapp
Windrad

Freizeit und Spiel

Adventskalender
Angel
Dixi®-Klo
Eintrittskarte
Fingerpuppe
Herzluftballon
Hüpfröhren
Knete
Mensch ärgere dich nicht
Papierflieger
Quartettspiel
Radiergummi
Schnuller
Seil
Stoppuhr
Taucherbrille
Tintenkiller
Trampolin
Überraschungsei
Wasserfarbkasten
Zauberwürfel

Haus und Garten

Becher
Besen
Briefkasten
Gießkanne
Goldfischglas
Heizungsrohr
Koffer
Müslischale
Notausgang
Pfandflasche
Schlüssel
Schlüsselanhänger
Schornstein
Vase
Ventilator
Zaun

Kleidung	Bademantel Designerstück High Heels Patchwork Ring Strumpfloch Verkleidung
Natur	Meer Perle Regenbogen Salzkristalle Schnittblume Sonne Sonnenblume Sternenhimmel Zahn Zweig
Rund ums Auto	Autoaußenspiegel Autoblinker Hupe Kennzeichen Warndreieck

DIE AUTORIN

Andrea Kühn ist gelernte Erzieherin, hat eine theologische Ausbildung an der Evangelistenschule Johanneum absolviert und arbeitet seit 2011 im „Leuchtturm" – einem sozial-missionarischen Projekt in Güstrow/MV. Hier – wie überall auf dieser Welt – gibt es viele Kinder (und Erwachsene), die Jesus Christus nicht kennen. Die Herausforderung, Gott in all seiner Größe, Macht und Liebe bekannt zu machen, ist ihre Motivation und bestimmt zugleich die Art, wie sie das Evangelium Gottes verkündigt: einfach, lebensnah und kreativ – in Bildern, die Menschen verstehen. Dafür sind Gegenstandsandachten eine großartige Methode.

MEIN DING